Auf den Spuren von Wilhelm Busch

Martin Tschechne / Toma Babovic

Auf den Spuren von Wilhelm Busch

Kulturlandschaft Schaumburg Band 9
Herausgegeben von der Schaumburger Landschaft

Ellert & Richter Verlag

Inhalt

Links Steubers Gasthaus, ein Rotklinkerbau, wie wohl die meisten Häuser hier. Rechts die Bäckerei Dreyer, ebenfalls rot geklinkert. Drei hölzerne Schützenscheiben prangen an der Fassade: die Bürgerscheibe von 1981, zwei Jugendscheiben von 1988 und 1995, allesamt längst ausgebleicht in Regen und Sonne. Sowas erzählt Familiengeschichte. Vom Stolz des Vaters und dem Ehrgeiz des Sohnes, von jungen Männern, die älter werden, und von neuen jungen Männern, die nachwachsen. Das war immer so.

An fast jedem Haus im Dorf, den breiten, behäbigen, bisweilen selbstbewußt ein Stück aus der Reihe zurückgesetzten Bauernhäusern und den dazwischen aufgereihten Läden, Werkstätten und Wohnhäusern, künden solche Trophäen von der sicheren Hand und dem scharfen Auge ihrer Bewohner. Und von der festgefügten Ordnung in der Dorfgemeinschaft: Schützenwettkampf, Schützenumzug, Schützenfest, und wieder ist einer Schützenkönig für ein Jahr. Wimpel und Fähnchen flattern vor den Fenstern, Girlanden überspannen die schnurgerade Straße durch das langgezogene Dorf. Schausteller kommen mit Karussells und Bierzelt und Schießbude. Es wird gefeiert. So ist es der Brauch hier in Niedersachsen, im Schaumburger Land, seit Generationen. Unten in der Feldmark, ein paar Koppeln, Felder und Weiden Richtung Westen, beginnt Westfalen. Gutes, wohlhabendes, traditionsreiches Bauernland.

Hier war Wilhelm Busch zu Hause. Der seit seiner Zeit bis heute wohl größte und populärste einheimische Humorist, der Satiriker, Menschenbeobachter und Karikaturist, der wohl meistzitierte Hausphilosoph und Verseschmied deutscher Sprache, geistiger Vater von „Max und Moritz“, „Die fromme Helene“, „Plisch und Plum“ und „Fipps der Affe“, damit auch Vorläufer des amerikanischen Comic strip und des animierten Films, wichtiger Impulsgeber der Popkultur, erklärtes Idol des deutschen Nachkriegshumors von Heinz Erhardt bis zur Neuen Frankfurter Schule, übersetzt in so ziemlich alle Sprachen der Welt, als Zeichner unwidersprochen ein Genie, als Maler noch heute weitgehend verkannt – er war ein Mann vom Dorf. Einer, der die Riten und Traditionen der Gemeinschaft brauchte (und sie dennoch immer wieder kopfschüttelnd kommentierte), der den wortkargen Umgang schätzte, die Abgeschiedenheit suchte, sparsam, mißtrauisch und empfindlich, dabei nachtragend und stur bis zur Zänkischkeit. Und doch:

Seelenlandschaft: In Wiedensahl wurde Wilhelm Busch geboren, in den wogenden Feldern hinter dem Dorf wuchs er auf. Und Zeit seines Lebens fühlte er sich unter dem hohen Himmel des Schaumburger Landes geborgen und frei.

ein Menschenfreund. Einer, der das Treiben der kleinen und nicht ganz so kleinen Leute in seiner Umgebung genüßlich aufspießte – und der doch selbst in seinen mutwilligsten Momenten nicht verleugnen konnte, daß er sie mochte. Daß er sie verstand. Er war schließlich einer von ihnen.
Links der Gasthof, rechts der Bäcker, dazwischen zweigt die schmale Straße rechtwinklig von der Dorfachse ab. Die Feuerwache noch, eine kleine Schule mit bunten Kinderbildern in den Fenstern. Zwei, drei Häuser im modernen Landhausstil von der Stange, deren Grundstückchen irgendwann von den langgezogenen Bauerngärten abgezwackt wurden, als das Gemüse plötzlich aus der Tiefkühltruhe kam und die Bäuerin sich am Computer um die Buchhaltung kümmern mußte – dann endet der Asphalt.
Der Fahrweg holpert an Birken und struppigem Weißdorn entlang durch die Felder. Der Himmel wird hoch, Wolken jagen darüber hinweg, Wind streicht über das Gesicht. Immer ist Wind hier. Auf einer Weide neben einem kleinen Waldstück schnauben große, ockergelbe Gäule, der Weizen steht schon hüfthoch, abends steigt die Lerche. Von Wiedensahl ist, fern am Horizont, nur noch die Kirchturmspitze zu sehen. Und kein Mensch weit und breit.
Hier war er frei. Hier tollte Heinrich Christian Wilhelm Busch, geboren am 15. April 1832 zu Wiedensahl im Königreich Hannover, als Kind mit den anderen aus dem Dorf herum, den Hütejungen, den Bauernmädels. Schnitzte sich Weidenruten zurecht und ließ sie durch die Luft zischen, röstete Kartoffeln im Feuer und piesackte die Kühe auf der Weide.
Hierher kehrte er auch zurück, immer wieder, als das Leben ihm den einen oder anderen Streich gespielt hatte, als er ein skeptischer, illusionsloser, bisweilen sarkastischer und dennoch am Ende heiter-amüsierter Beobachter des menschlichen Treibens geworden war. In Wiedensahl hatte er seine Wurzeln, und wahrscheinlich ist es das Kreuz seines Lebens, daß er so früh von hier vertrieben wurde – und sein großes Glück, daß er diese Kostbarkeit wiederfand, ihren Wert erkannte und sie pflegte. Wiedensahl war Heimat im reinsten und innigsten Sinn; von hier aus konnte er die Welt betrachten, sortieren, was er gesehen und erlebt hatte und sich seinen Reim darauf machen. Dann setzte er sich an den Wegrand, ließ die Gedanken schweifen, den Blick wandern – und hielt auf seinem Skizzenblock fest, was er sah: die moosige Flechte auf dem Findling zu seinen Füßen, den alten Mann auf dem Feld, die schweren Wolken am Himmel und den Wind im wogenden Getreidemeer.

Heimat und Zuflucht: die Kirche von Wiedensahl. Von 1872 bis 1879 lebte Busch im Pfarrhaus bei seiner Schwester Fanny und deren Ehemann, Pastor Hermann Nöldeke.

Es waren zarte, von schneller, sicherer Hand hingeworfene Zeichnungen und Aquarelle, die aus solcher Beobachtung entstanden, Natur- und Menschenstudien von eindrucksvoller Klarheit und einer unerwarteten, anrührenden Wärme, aber auch kleine, aufgewühlte Ölbilder, hastige Studien eigentlich nur, ohne künstlerischen Anspruch und betont unfertig. Immer wieder war einer mit einer roten Jacke auf ihnen zu sehen, tief geduckt und winzig hinter üppig wucherndem Grün, bedroht und gebeutelt von Sturm und Regen, von der Natur, vom Leben. Ein raffinierter Farbkontrast, ein spielerisch hingetupftes Glanzlicht; aber wer weiß: Der kleine rote Punkt in all dem Tosen und Brausen mag auch so etwas wie ein beiläufig hingeworfenes Selbstporträt gewesen sein. Denn wenn auch diese expressiven Topographien vom weiten, sanft gewellten und windgezausten Land seiner Heimat erzählen – mindestens ebenso viel verraten sie von den Verletzungen und Sehnsüchten des Malers, von seiner Einsamkeit, seiner Lebensangst und der Neigung, einen mißtrauischen, zögerlichen und, wo möglich, ironischen Sicherheitsabstand zu den allzu großen, allzu lauten Gefühlen zu wahren.

Kindheitslandschaften, Seelenlandschaften. Mancher Ort mag auf ihnen wiederzuerkennen sein, die Kirchturmspitze, eine Bauernkate – ein Faltblatt des Kommunalverbands „Schaumburger Landschaft" weist Radwanderern einen Weg durch die Gegend, eine Art Lehrpfad mit Reproduktionen von Zeichnungen und Gemälden genau an jenen Stellen zwischen den Wiesen und Waldstücken, wo sie entstanden oder zumindest: mit den Augen eingefangen sein könnten. Eine hübsche Idee, eine nette, kleine Tour, gut 25 Kilometer, für einen sommerlichen Nachmittag, aber sage keiner, dieser Wilhelm Busch sei einfach nur ein braver Naturfreund und Landschaftsmaler gewesen.

Doch das kam später. Jetzt war Wilhelm sechs oder sieben oder acht Jahre alt und ein echter Junge vom Land. Einer, der die zischende Haselrute des Wiedensahler Dorfschulmeisters kannte – wir begegnen ihm wieder in Gestalt des Lehrers Bokelmann bei „Plisch und Plum" –, und der gelernt hatte, daß es Dinge gab, die besser unten in der Feldmark geschahen als unter den strengen Augen der Eltern.

Die Sache mit dem Kirchenschlüssel etwa. Meiers Hinnerk muß es gewesen sein, ein Hütejunge, fünf, sechs Jahre älter als Wilhelm und ganz schön durchtrieben. Der hatte das wohl ellenlange, rostige Ding bei seinem Dienstherrn, dem Küster, stiebitzt und ein Zündloch in den Schaft gefeilt. Auch eine Ladung aus gehacktem Fensterblei hatte er parat; was fehlte, war Schießpulver. Das mußte Wilhelm besorgen, eine Handvoll aus einer steinernen Kruke auf dem Speicher seines Vaters.

Das Geburtshaus in Wiedensahl von der Gartenseite. Es wurde umgebaut und restauriert; heute erinnert hier das Wilhelm Busch Museum an den berühmten Verseschmied und Menschenbeobachter.

Krawummm, es blitzte und krachte in der Feldmark, das Blei flog aus dem Rohr, die Jungens quietschten vor Angst und Freude. Ein altes Bäuerchen ging auch vorbei, erinnert sich Busch noch viele Jahre später – der Mann hatte wohl was zu erzählen im Dorf. „Abends kam ich fröhlich heim", schreibt Busch weiter, „und freute mich so recht auf das Nachtessen. Mein Vater empfing mich an der Tür und lud mich ein, ihm auf den Speicher zu folgen. Hier ergriff er mich am linken Flügel und trieb mich vermittels eines Rohrstocks im Kreise umher, immer um die Kruke herum, wo das Pulver drin war. Wie peinlich mir das war, ließ ich weithin verlautbaren. Und sonderbar! Ich bin weder Jäger noch Soldat geworden."
Ein Trauma, ja. Immerhin ist Busch 54, als er sich so detailliert an die Tracht Prügel auf dem Dachboden erinnert. Auch schon in der Bildergeschichte vom „Maler Klecksel", 1884 entstanden, also zwei Jahre zuvor, hatte der Zeichner selbstironisch auf den Bubenstreich angespielt. Doch Bitterkeit oder Vorwürfe gegen den Vater? Nichts davon! So war es nun mal in jenen strengen Zeiten: Auf Missetat folgt Strafe, wie im richtigen Leben, und jeder Junge wußte das. Ob das was geändert hat? Nicht die Bohne! Immer wieder hat Wilhelm Busch in seinen Geschichten die Aussichtslosigkeit pädagogischen Bemühens bespöttelt. Der prügelnde Meister Druff und der milde mahnende und dabei kläglich scheiternde Rektor Debisch aus dem „Abenteuer eines Junggesellen" – sie sind ihm gleichermaßen lächerliche Prototypen für die spießbürgerliche Illusion, sich gegen das anarchische Ungestüm der Natur zur Wehr setzen zu können. Sein Menschenbild bleibt skeptisch: „Tugend will ermuntert sein, Bosheit kann man schon allein."
Buschs Urteil über den strengen Vater fällt deshalb erstaunlich nüchtern aus: „Klein, kraus, rührig, mäßig und gewissenhaft" sei der gewesen, „stets besorgt, nie zärtlich; zum Spaß geneigt, aber ernst gegen Dummheiten". Na, von der Seite haben wir ihn kennengelernt!
Johann Friedrich Wilhelm Busch war Krämer. Gelierzucker und Salz, Pfefferminzdragees, Schuhbänder, Mausefallen. Und Schießpulver. Sein Haus steht noch heute an der Dorfstraße; eine spätere Zeichnung des berühmten Sohnes auf der gegenüberliegenden Straßenseite lädt zum Vergleich. Der fällt ungünstig aus: Bäume und Bank vor der Tür mußten dem verbreiterten Asphalt Platz machen, das Mauerwerk ist unter Platten versteckt, die Fassade von großflächigen Isolierfenstern aus dem Gleichgewicht gekippt.
Wiedensahl ist kein Museum, sondern ein lebendiges Dorf. Geradezu idyllisch der kleine Weiher in der Mitte, Busch hat ihn oft gezeichnet, hübsch auch die alte Kirche, aber typisch ist der Ort vor allem in seiner Unauffälligkeit. Ein bißchen abgelegen vielleicht zwischen Stadthagen im Süden und dem Kloster Loccum im Norden, abseits der Autobahn, abseits der großen Bundesstraßen. Zufällig kommt hier wohl selten einer durch.

Lebendiger Geist und sichere Hand: Das nur 45 x 47 mm messende Selbstbildnis als Heranwachsender zeichnete Busch 1854 auf die Rückseite eines Briefes. Als Vorlage diente ein Foto, eine Daguerreotypie von 1846.

„Klein, kraus, rührig und ernst gegen Dummheiten": Der Krämer Johann Friedrich Wilhelm Busch war seinen sieben Kindern ein strenger Vater. Wilhelm, der Älteste, porträtierte ihn 1865 im Hausmantel mit Mütze und Tabakspfeife.

Die Mutter. „Was weiß ich denn noch aus meinem dritten Jahr?“, schreibt Busch. „Knecht Heinrich macht schöne Flöten für mich und spielt selber auf der Maultrommel, und im Garten ist das Gras fast so hoch wie ich, und die Erbsen sind noch höher; und hinter dem strohgedeckten Hause, neben dem Brunnen, stand ein Kübel voll Wasser, und ich sah mein Schwesterchen drin liegen, wie ein Bild unter Glas und Rahmen, und als die Mutter kam, war sie kaum noch ins Leben zu bringen.“
Merkwürdig: Kein Wort von dem Entsetzen notiert der Sohn, von dem Schrei, den die Mutter ausgestoßen haben muß, und von der Erleichterung, als die kleine Fanny (geboren 1834), die sie soeben aus dem Wasser gerissen hatte, wieder zu atmen begann. Gab es das alles nicht? Hat die Mutter dem Jungen vielleicht die Schuld an der gerade noch verhinderten Katastrophe gegeben? Hätte er sein Schwesterchen nicht retten müssen, anstatt fasziniert auf das Bild zu starren?

Henriette Dorothee Charlotte, Tochter des Wiedensahler Wundarztes Johann Georg Kleine, hatte drei Kinder und einen Mann verloren – er war Wundarzt gewesen wie ihr Vater –, bevor sie, dreißigjährig, also nicht mehr jung, den Krämer Busch heiratete und Wilhelm als erstes von sieben weiteren Kindern zur Welt brachte. Das Leben hatte ihr nichts geschenkt. Sie sei „still und fromm“, erinnerte der Sohn sich später, „schaffte fleißig in Haus und Garten und pflegte nach dem Abendessen zu lesen“.
Das ist kurz und knapp und beinahe barsch. Nun ist zu berücksichtigen, daß die autobiographischen Notizen, die Busch 1886 unter dem Titel „Was mich betrifft“ in der Frankfurter Zeitung veröffentlichen ließ, zunächst nur ein schiefes Bild wieder gerade rücken sollten: Mit seinen betont nüchternen Bemerkungen zur eigenen Person ging der inzwischen längst populäre, ja prominente Künstler auf Distanz zu den klebrigen und peinlichen Lobhudeleien eines Verehrers. Auf den Olymp der deutschen Geistesgeschichte hatte dieser Biograph zu Lebzeiten den Zeichner und Humoristen schreiben wollen – sicherlich auch, um sich dann selbst in dessen Licht zu sonnen. Nein, konterte Busch trocken, er bleibe lieber im Flachland. Da komme er her, da gehöre er hin. Und die taktisch-kühle Selbstbeschreibung ist wahrscheinlich nicht mal allzu weit von der Wirklichkeit entfernt.
Woher sollten denn auch Überschwang und jauchzende Lebenslust kommen? Der Vater ein Kleinkrämer, zugezogen aus Ilvese in Westfalen, in der Gemeinschaft stolzer, solider und erdverwachsener Grundherren im Schaumburger Land (ob er wohl mal Schützenkönig war? Ob er um diese Ehre gekämpft hat?); eine Mutter, die früh und äußerst schmerzhaft hatte lernen müssen, sich

Breite Giebel, rot geklinkert: Wie Perlen an einer Kette reihen sich die breiten und behäbigen Bauernhäuser mit ihren stolzen Dielentoren an der Dorfstraße von Wiedensahl auf.

nur nicht allzu innig an ihre Lieben zu binden – kein Wunder, wenn auch der älteste Sohn im Zweifel auf Distanz ging. Mißtrauisch wurde, sich verschanzte, Berührung und Nähe scheute. Für seinen Lieblingsplatz als spöttischer Beobachter der kleinbürgerlichen Idylle, der scheinheiligen Frömmelei und des Spießerglücks am Herd der Familie war das wohl eine Voraussetzung. Immer hielt er sich am Rande: in der Feldmark statt im Dorf, in Wiedensahl statt später in München, Frankfurt oder Antwerpen, als junger Erwachsener im Wirtshaus, als alter Mann in seiner Stube, in der freien Natur oder auf der Bank vor dem Hause. Beobachten statt dabeisein. Fest steht, daß Busch ein Hagestolz blieb, einer, der Einsamkeit suchte und brauchte und dennoch an ihr litt, daß er Frauen von Ferne angehimmelt, aber nie geheiratet, nie eine eigene Familie gegründet hat. Im Alter übernahm er die Verantwortung für eine, aber das war die seiner inzwischen verwitweten Schwester Fanny; Busch war der gute Onkel. Das in seinen Bildergeschichten so gern belächelte Familienleben blieb eine Sehnsucht, solange er lebte. Und manchmal ist auch gallige Bitternis aus den launigen Episoden herauszuschmecken.

Die Eltern hatten andere Sorgen. Der Vater, um Anerkennung und Rang in der Wiedensahler Dorfgemeinschaft bemüht, mehrte seinen Besitz, emsig und bienenfleißig, kaufte Land, vergrößerte das Geschäft. 1846/47 ließ er das beinahe städtisch wirkende Haus an der Straße bauen, da lebte Wilhelm schon nicht mehr bei den Eltern und Geschwistern. Sein Geburtshaus, das Heim seiner Kinderjahre, von den Großeltern erworben für deren frisch verwitwete Tochter, ein alter, ländlicher Fachwerkbau, einst mit tief heruntergezogenem Strohdach, schließt sich unmittelbar nach hinten an.

Nur die hinteren Räume, eine kleine Stube und ein Schlafraum – das Geburtszimmer – sind noch von damals erhalten; vorne wurde umgebaut und erneuert. In der Diele und angrenzenden Räumen ist heute ein kleines Museum eingerichtet. Bilder und Zeichnungen sind ausgestellt, Übersetzungen der erfolgreichen Bildergeschichten aus aller Welt. In Vitrinenschränken liegen Geldbeutel und Tabakspfeifen, Skizzenblocks und Gänsefedern. Jawohl, Wilhelm Busch schrieb noch mit Gänsefedern. Die größeren Schätze aus dem Nachlaß des Dichters, Erzählers, Denkers und Zeichners werden im Wilhelm-Busch-Museum zu Hannover gehütet und wissenschaftlich betreut. Auch die Nachfahren der Familie verwahren Teile des Werks – aber in Wiedensahl, der windigen, sonnigen, friedlichen Heimat des Herzens, auf der stillen Dorfstraße oder unter dem Walnußbaum im Garten hinter dem Haus läßt sich erahnen, wie sie damals gelebt, vielleicht gar, wie sie die Welt gesehen haben.

Schreibpult, Waschtisch und Bett: Im Geburtshaus vermitteln Einrichtung und persönliche Gegenstände einen Eindruck von der Zeit, als Wilhelm Busch hier lebte und arbeitete.

Beobachtungsposten in der Weite der Natur: Auf seinen Streifzügen durch die Feldmark bei Wiedensahl hatte Busch Skizzenblock oder Malkasten immer dabei. In schnellem Strich oder ausdrucksvoller Farbigkeit notierte er, wie Wind und Licht den Charakter seiner Heimat prägten und veränderten. Die Kunst wurde ihm darüber selbst zur Heimat, zu einem Ort, an dem er Zuflucht fand vor den Eitelkeiten und Enttäuschungen der Welt.

„Und jedes Haus hatte rückwärts sein Gärtchen und hinter jedem Gärtchen sein Ackerfeld, und durch jedes Feld ging ein Grasweg, ein breiter, nach der heckenumgrenzten Wiese, und hinter sämtlichen Wiesen stand der hohe schattige Wald.“ So beschrieb Busch seine Heimat, das Hagenhufendorf Wiedensahl. Die Hufen – also die schmalen Ackerstreifen hinter jedem Haus – zogen sich vor der Flurbereinigung bis zu 1300 Meter weit in die Feldmark, dann begannen die von Hagen – also Hecken – eingefaßten Wiesen. Und Schritt für Schritt führte der Weg des Jungen vom Haus über den Garten durch Acker und Wiese in die freie Natur.

Oft hat Wilhelm Busch den kleinen Teich gezeichnet, den „Sahl", der Wiedensahl seinen Namen gab. Schon damals umstanden Bäume und dörfliche Häuser das sanft abfallende, grasbewachsene Ufer des einstigen Waldsees. Immer noch bildet das von Weiden umstandene Gewässer nahe der Kirche ein idyllisches Zentrum des Straßendorfes, doch die Natur wurde gebändigt: Heute halten Mauern den Teich in seiner Mulde.

Die um 1275 erbaute Dorfkirche St. Nikolai stand und steht im Mittelpunkt der Gemeinde, und Familie Busch war ihr in vielerlei Weise verbunden. Nicht allein, daß Kirchgang zum Leben gehörte, daß in der Kirche getauft, konfirmiert, geheiratet und ausgesegnet wurde – Wilhelm hatte seine Jugendjahre im Pastorenhaushalt des Onkels Georg Kleine in Ebergötzen, dann in Lüthorst zugebracht. Später, inzwischen als Autor von „Max und Moritz“ erfolgreich und sogar berühmt, lebte er bei seiner Schwester und deren Mann im Pfarrhaus von Wiedensahl, schließlich bei seinem Neffen, der ebenfalls Pastor war, in Mechtshausen. Die aufgeklärte, in der Tradition Martin Luthers stehende Nachdenklichkeit seiner Verwandten bot Busch auch geistig ein Zuhause.

Busch blieb Zeit seines Lebens ein Einzelgänger, der seine Ausflüge in den Trubel der Großstadt durch lange Stunden der Einsamkeit in der Stille der Natur ausglich. Im Wald bei Wiedensahl hielt er wohl manches Pläuschchen mit den Hüttnern und Viehhirten, fachsimpelte mit dem Förster – vor allem aber ging es ihm bei seinen Spaziergängen um ein Nachdenken, das er später mit einer schönen Metapher aus der Natur beschrieb: um das „Lustwandeln in den Laubengängen des intimeren Gehirns“.

Im Wald, irgendwo östlich des Dorfes. Seine ausgiebigen Wanderungen durch die Natur halfen Busch nicht nur, den für seinen Seelenfrieden notwendigen Abstand zum Alltag herzustellen – sie schärften auch seinen Blick für die Kräfte und die Wunder der Natur, für Wind und Sonne, Wachstum und Licht, für Werden und Vergehen.

Die Kinder sollten es mal besser haben. Das war schon immer der Motor für bürgerlichen Bildungseifer. Auch der brave Gemischtwarenhändler Johann Friedrich Wilhelm Busch sah darin ein Lebensziel. Ein Klavier stand im Haus, das wird wohl nicht bei jedem im Dorf so gewesen sein. Und die Söhne gerieten nach den Wünschen des Vaters, mehr oder weniger. Einer wurde Kaufmann und übernahm das elterliche Geschäft, einer heiratete und wurde Besitzer einer Konservenfabrik in Wolfenbüttel. Einer machte seinen Doktor in Philosophie und ging als Hauslehrer nach Frankfurt, einer wurde Mathematiklehrer an einem Gymnasium in Celle. Und Wilhelm?

Maschinenbauer, hatte der Vater entschieden. Sowas wurde jetzt gebraucht. Die Kunde von den technischen Umwälzungen der Zeit war sicherlich auch bis Wiedensahl gedrungen. Aber war die kleine Dorfschule, in der ein strenger Lehrer seiner quecksilbrigen und im Großen und Ganzen wohl nicht allzu hell erleuchteten Bande das ABC einzubläuen suchte, war sie der rechte Ort für so anspruchsvolle, ehrgeizige Lebenspläne?

Schiere Raumnot kam hinzu. Die Kinderschar im Hause Busch wuchs beständig, gerade war Otto geboren worden, das fünfte Kind. Es wurde eng zwischen den Säcken und Kisten auf der Diele des Kaufmanns.

Vater Busch dachte mal wieder praktisch. In Ebergötzen bei Göttingen lebte sein Schwager Georg Kleine, der Bruder seiner Frau. Kleine war Pastor, ein stiller, einfühlsamer, hochgebildeter Mann – der ideale Lehrer für den wachen, begabten, schon jetzt bisweilen ein wenig vergrübelten Wilhelm. Eine Lösung für zwei Probleme: Platz im Hause schaffen und zugleich für eine anständige Bildung sorgen. Keine leichte Entscheidung, aber der Kaufmann Busch wird zufrieden gewesen sein. Wilhelm geht nach Ebergötzen.

„Ich freute mich darauf", erinnert der sich später. „Wie Kinder sind, halb froh, halb wehmütig, plätscherte ich am Abend vor der Abreise mit der Hand in der Regentonne, über die ein Strauch mit weißen Rosen hing." Christine ging dem Neunjährigen durch den Kopf, ein Mädchen aus dem Dorf. Nicht seine letzte unglückliche Liebe.

Alles war bereit. „Früh vor Tag wurde das dicke Pommerchen in die Scherdeichsel des Leiterwagens gedrängt. Das Gepäck ist aufgeladen. Die Reisenden steigen auf; Großmutter, Mutter, vier Kinder und ein Kindermädchen; Knecht Heinrich zuletzt."

Nach Süden zockelte das Gefährt, auch das Klavier hatte noch mitkommen müssen. Durch den Schaumburger Wald ging es, über Stadthagen, es wurde hügelig. An der alten Schaumburg vorbei, die Weser hinauf bis Bodenwerder, wunderschönes, liebliches, weites Sommerland. Zweimal mußte die Gesellschaft übernachten, erinnert sich Busch; einmal werden sie in Hameln Halt gemacht haben, denn dort lebten Verwandte. Endlich, nach dreitägiger Reise, erreichten sie Ebergötzen. Der Onkel erwartete sie in der Tür des Pfarrhauses. Wilhelm war herzlich willkommen.

Ebergötzen. Merkwürdig, der Ort kommt uns heute bekannt vor. Schon die Anfahrt über Göttingen und Waake, immer Richtung Duderstadt: Fachwerk, Laubwald und Felder. Märchenlandschaft. Die Brüder Grimm haben hier reiche Schätze gesammelt. Die Straße schlängelt sich durch ein stilles, grünes Tal, am Wegrand gibt es Erdbeeren zu kaufen, frisch gepflückt auf dem Feld gleich nebenan. Sie sind köstlich.

Dann der Ort. Hübsche Fachwerkhäuschen, ausgestreut wie aus einem

Eine neue Heimat für den neugierigen Jungen: das Pfarrhaus in Ebergötzen. Das zu gleicher Zeit (um 1845) entstandene Porträt des Onkels Georg Kleine mag noch kindlich und ungelenk wirken, es dokumentiert dennoch schon den klaren Blick und die sichere Hand des 13jährigen.

Spielzeugkasten. Das Auf und Ab der Wege und Gassen – die Gegend hier am Südrand des Harzes ist viel hügeliger als das leicht gewellte Schaumburger Land um Wiedensahl. Und die Gärten vor den Häusern mit üppigen Rosenbüschen, rosa und weiß, Jasmin, Hortensien, adrett eingezäunt, immer wieder Gartenzwerge dazwischen.
Nicht, daß sie hier nicht praktisch dächten! Zur Straße hin winken die Kerlchen mit den roten Zipfelmützen, seitwärts oder hinter dem Haus wachsen Rotkohl und Kohlrabi, Erbsen, Möhren, Stangenbohnen, ein paar Köpfe Salat. Jeder hier scheint seinen eigenen Gemüsegarten zu haben und zu hegen, die Beete sind akribisch abgezirkelt und sauber geputzt, kein fremdes Hälmchen traut sich dazwischen hervor. Das Gemüse aus Ebergötzen muß eine reine Wonne sein.
Schleckers Drogeriediscount, ein Tattooladen, vor dem Schlachter steht ein Ford Escort. Älteres Baujahr, aber tiefergelegt, breite Reifen, im Rückfenster der Schriftzug „Böhse Onkelz". Denkt bloß nicht, hier käme die Unschuld vom Lande! Männlichkeit beweist, wer mobil ist. Und kurvenfest auf der rasenden Fahrt in die Disco, nach Duderstadt oder Göttingen. Solche Bilder, solche Brüche, Widersprüche und Inszenierungen waren es, die sein Interesse weckten: Wilhelm Busch hätte was draus gemacht.
Auf dem Parkplatz unten im Tal dann wird die Erinnerung plötzlich wach. Ein Bach schlängelt sich durch die Wiesen, zwischen den Häusern hindurch, an den Gärten vorbei. Ein paar Schritte aus dem Dorf hinaus, da liegt ein Steg über dem Wasser. Na klar! Über solch ein schmales Brett rannte doch der erzürnte Schneider Meck-meck-meck, nachdem Max und Moritz ihn zur Weißglut geneckt hatten. In das Holz hatten sie vorher – „Ritzeratze! Voller Tücke" – eine Lücke gesägt. Es brach unter dem Gewicht des mageren Schneiderleins, der arme Kerl plumpste in den Bach und mußte sich anschließend den Schrecken und die Feuchtigkeit mit dem Bügeleisen aus dem Wams plätten lassen. Die bösen Buben feixten. Dieses war ihr dritter Streich ...

Schnelle springt er mit der Elle
Über seines Hauses Schwelle,
Denn schon wieder ihm zum Schreck
Tönt ein lautes: „Meck, meck, meck!"

Oben in Wiedensahl, im Schaumburger Land, führt der Radwanderweg über eine kleine Brücke, Station sechs der Wilhelm-Busch-Tour. Und auch dort zitieren sie aus „Max und Moritz": „Ritzeratze! Voller Tücke ..." Die Wiedensahler, so scheint's, konnten es sich nicht verkneifen. Der Übergang über die Ils auf dem Weg nach Loccum ist aus Stein gemauert, Verwechslung eigentlich ausgeschlossen – aber ist sie wirklich unerwünscht? Wem gehört denn nun Wilhelm Busch? Fest steht: Gezeichnet und gereimt wurde die Moritat von den bösen Buben 1865 im Geburtsort des Künstlers, in einem Kämmerchen des neu erbauten Vaterhauses, links oberhalb des Eingangs zur Museumsdiele.
Fest steht aber auch: Den Kern der Geschichte bildeten Kindheitserinnerungen, und hier, in Ebergötzen bei Göttingen, wird wohl das Brett über den Bach gelegen haben, das den Anlaß dazu gab. Hier werden auch zwei Jungen die Maikäfer gefangen haben, die in der Bildergeschichte dann dem armen Onkel Fritze mit der Zipfelmütze den Schlaf raubten. Hier gab es die alte Nachbarin, an der Busch Maß nahm für die spätere Figur der Witwe Bolte, und hier auch wird der Duft aus der Backstube sie dazu verführt haben, die kühnsten Knusperträume zu träumen... Ebergötzen ist die Heimat von Max und Moritz. Und damit auch: ein Stück Heimat für jeden, der mit den Lausbubenstreichen aufgewachsen ist. Also praktisch für jeden.

Der friedliche Ort ist, wenn man so will, ein pädagogisches Monument. Ein Monument der anarchischen Wildheit, der kindlichen Freiheit, der menschlichen Natur, die über jeden Versuch der Erziehung und Gängelung triumphiert. Trotzig bis zum bitteren Ende. „Fein geschroten und in Stücken" bleiben die Lauselümmel zurück, ein willkommenes Futter für Meister Müllers Federvieh. Tjaja, läßt Busch den Onkel Fritze in entlarvender Schlichtheit resümieren, „das kommt von dumme Witze" – für die selbstgerecht ihre Häupter wiegenden Erwachsenen, die empörten, entrüsteten und doch vor allem lächerlichen Opfer der Streiche, ist solch ein Sieg eigentlich eine Schande.
Schon am ersten Tag stand der Sohn des Müllers vor der Tür des Pfarrhauses. Erich Bachmann, genauso alt wie Wilhelm, ein frecher, unternehmungslustiger, aufgeweckter Bursche. Er wird

Der Steg ist angesägt, das arme Schneiderlein schäumt vor Wut – gleich kracht's. Generationen von Lesern freuten sich diebisch über die gemeinen Streiche von „Max und Moritz" (1865). Und atmeten dennoch erleichtert auf, als die drakonische Strafe für die Lauselümmel das moralische Weltbild der braven Bürger wieder geraderückte.

neugierig gewesen sein, wer da wohl im Leiterwagen angerumpelt gekommen war. Und wirklich: Es begann, als hätten die beiden aufeinander gewartet. „Wir gingen vors Dorf hinaus, um zu baden", schreibt Busch. „Wir machten eine Mudde aus Erde und Wasser, die wir ‚Peter und Paul' benannten, überkleisterten uns damit von oben bis unten, legten uns in die Sonne, bis wir inkrustiert waren wie die Pasteten, und spülten's im Bach wieder ab. Die Freundschaft ist von Dauer gewesen."
Erich und Wilhelm, Peter und Paul – Max und Moritz. Beim Naschen in der Backstube, wer erinnert sich nicht?, plumpsten die Lausebengels in den Teig, einszweidrei schob der Bäcker sie in den Ofen, dann waren auch Max und Moritz „inkrustiert wie die Pasteten". Knabberten sich jedoch alsbald wieder frei und trieben weiter ihr Unwesen unter den friedlichen Mitbürgern. Der Bäcker hatte sich zu früh gefreut.
Es ist ja alles wirklich so geschehen. Mehr oder weniger jedenfalls, wobei die Phantasie des Erzählers zu den Abenteuern zweier Lausejungen aus Fleisch und Blut noch das eine oder andere Detail, die eine oder andere deftige Pointe hinzugefügt haben mag. Aber die Mühle etwa, in der die Schlingel schließlich ihr unrühmliches Ende fanden, steht wirklich noch in Ebergötzen, ein ausladender Fachwerkbau voller Stübchen und Stiegen, Mahltrichter, Zahnräder, Treibriemen, Schüttelsiebe und Gerät. Und wenn das Wasser des Bachs, der damals anders verlief, heute für Wilhelm-Busch-Touristen über das riesige, hölzerne Mühlrad geleitet wird, dann rumpeln und pumpeln die Mühlsteine, dann knarzt und zittert das Gebälk – genau, wie es wohl in alten Zeiten gewesen ist, wenn Erich und Wilhelm zwischen den Getreidesäcken Mäuse jagten und Verstecken spielten, oder später, wenn der erfolgreiche, vergrübelte Einzelgänger Wilhelm Busch den gestandenen, handfesten Müller und Familienvater Erich Bachmann besuchte und sie gemeinsam beim Wein über die Streiche der Kinderjahre schmunzelten.

Daß wir nur nicht sentimental werden! Dem Puckelriekchen sind sie hier begegnet, einer Spinnerin, die sich wirklich den Buckel krumm gearbeitet hatte, um wenigstens ein anständiges Begräbnis bezahlen zu können. Vergebens: Der Tod kam zu früh, das Geld reichte nicht aus, Puckelriekchen wurde nach Göttingen in die Anatomie gebracht. Anschauungsmaterial für die angehenden Doctores, dabei hatte sie sich immer so geniert. Den Jungen muß es das Herz gebrochen haben. Oder der alte Danne, ein Tagelöhner, ausgemustert, leicht vertrottelt, der sich durch die Haushalte des Dorfes bettelte, in Scheunen schlief oder einfach auf der Wiese. Eines Tages lag er unter dem Baum, von dem sich Erich und Wilhelm ein paar saftige Birnen stiebitzen wollten, und war tot. Und die Jungen rannten. Oder der verzweifelte Dorflehrer, Hase soll er geheißen haben: nahm sich den Strick, der Strick riß. Hase fiel herunter, also griff er zum Messer und schnitt sich den Hals durch. Begraben wurde er auf dem Kirchhof, gleich unter Wilhelms Fenster. „Und von nun an zwang er mich allnächtlich, auch in der heißesten Sommerzeit, ganz unter der Decke zu liegen", erinnert sich Busch mit Schaudern, muß aber gleich über sich selbst den Kopf schütteln: „Bei Tag ein Freigeist, bei Nacht ein Geisterseher".
Ziemlich viel Leben für ein sensibles Kerlchen von zehn, zwölf Jahren. Deshalb drängt auch alles irgendwann wieder an die Oberfläche: der hämische Tod, der arme Seelen in den Höllenschlund zerrt – etwa die der „Frommen Helene" –, der alte Danne als boshafter Bettler in der Erzählung „Der Schmetterling". Und wer mag, kann auch eine Linie ziehen vom Lehrer Hase über den volkstümlichen Meister Lampe zum bekannten Lehrer Lämpel, dem Max und Moritz Schießpulver in die Pfeife stopfen.
Oder einfach im Obst- und Blumengarten hinter der Ebergötzener Mühle von den Johannisbeeren naschen, die bestimmt auch Erich und Wilhelm schon angelockt haben: Die weißen sind süßer als die roten.
Beim Verlassen des Parkplatzes stehen zwei Jungen am Bach und angeln nach Forellen. Das haben Wilhelm und Erich einst mit der bloßen Hand geschafft. Und im ehemaligen Pfarrhaus, oben bei der Kirche, ist heute ein Kindergarten untergebracht. Als hätte sich einer was dabei gedacht.

Die Bachmannsche Mühle in Ebergötzen. Das mächtige Mühlrad ist heute restauriert und voll betriebsfähig.

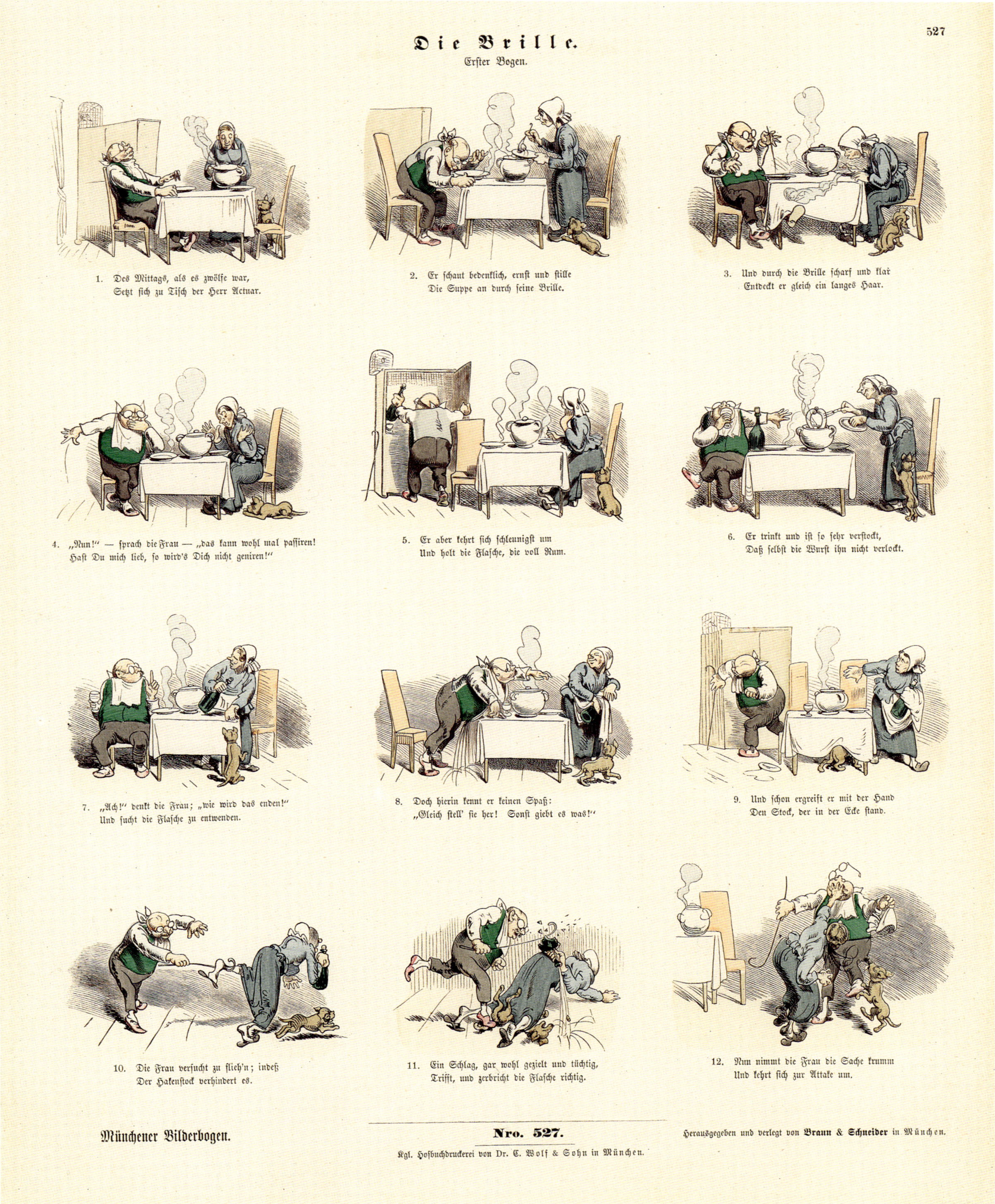

Hinter der Fassade bürgerlicher Idylle lauert der Schrecken: „Die Brille", Erster Teil, 1870 Münchener Bilderbogen Nr. 527

Stadthagen, Blick vom Oberntor in die Altstadt, Richtung Marktplatz und Rathaus. Die 1553 erbaute Amtspforte rechts diente als Gerichts- und Verwaltungsgebäude, bis 1900 wurde sie auch als Gefängnis genutzt; heute beherbergt sie das Heimatmuseum. Nach seiner Rückkehr nach Wiedensahl ließ sich Busch gern in die rund zehn Kilometer südöstlich gelegene alte Residenzstadt kutschieren, um in der Gaststätte „Brauerei-Ausschank" seiner in Hannover entdeckten, in München perfektionierten Leidenschaft zu frönen: dem Biertrinken.

20

Die Weser bei Fürstenberg nahe Höxter. Der Fluß ist eng verbunden mit der Geschichte des Landes, seinem Wohlstand und seiner Kultur. Die berühmte „Weserrenaissance“ prägte auch die Stadtbilder von Bückeburg oder Stadthagen. Wilhelm Busch reiste 1841 als Neunjähriger mit schwerem Gepäck durchs Weserbergland, an der alten Schaumburg vorbei, über Bodenwerder bis nach Ebergötzen bei Göttingen. Das Elternhaus war zu eng geworden, der Junge sollte fortan bei seinem Onkel leben.

Ebergötzen.
Max und Moritz. Oder: Ziemlich viel Leben für einen Lausejungen

Max und Moritz grüßen vor der Haustür: die Wilhelm-Busch-Mühle in Ebergötzen. Ein Förderverein bewahrte die alte Mühle, in der Wilhelm Busch und sein Jugendfreund Erich Bachmann ihre Streiche ausgeheckt hatten, 1972 vor dem Abriß. In den folgenden Jahren wurde der halb verfallene Gebäudekomplex aufwendig restauriert, der Mühlengarten wuchert und blüht wieder wie damals. Heute ist die Mühle ein lebendiges Museum – Erinnerung an die alte Tradition des Müllerhandwerks, aber auch an die wohl berühmtesten Lausebengel der Welt.

Im Gästezimmer der Mühle ließ sich der erwachsene Wilhelm Busch vom vertrauten Rumpeln der Räder in den Schlaf rütteln, wenn er wieder einmal seinen alten Freund Erich Bachmann in Ebergötzen besuchte. Die Freundschaft hielt das ganze Leben, und es läßt sich hübsch ausmalen, wie die beiden ergrauten Semester beisammen hockten, sich schmunzelnd der alten Zeiten erinnerten – und wie so mancher Streich der Jugendjahre dabei noch eine besondere Wendung bekam. Im Herrenzimmer steht sogar noch eine Flasche Rotwein auf dem Tisch: für alte Knaben, so wußte Busch, „eine von den besten Gaben“.

Das Mahlwerk rüttelt und rumpelt, die Treibriemen surren, die Achsen quietschen, schwere Mühlsteine zermahlen das Getreide, durch Trichter rieselt das Mehl in die Säcke: Die Mühle in Ebergötzen wurde restauriert und rekonstruiert, heute erscheint sie in einem Zustand, wie Wilhelm und Erich sie erlebt haben mögen, als sie zwischen den Mehlsäcken Verstecken spielten oder auf dem Speicher Mäuse fingen.

Längst haben die Stege über den Mühlbach ein Geländer, und selbst Lauselümmel tragen heutzutage einen Helm auf dem Fahrrad. Am Abenteuer Kindheit aber hat sich seit Wilhelm Busch wohl nicht allzuviel verändert: Noch immer lieben es die Kinder, in ihrem Versteck auf der Lauer zu liegen, bis sie irgendeinem Erwachsenen einen Schelmenstreich spielen können. Und immer noch lassen sich in der Phantasie die tollsten Geschichten erleben.

Lernen, lernen, lernen. Mit Freund Erich durch die Mühle schleichen und die weiß gepuderten Knechte beim Verladen der Mehlsäcke belauschen. Den alten Danne auf der Wiese aufspüren und seinen Mittagsschlaf mit einem Grashälmchen stören. Forellen fangen, einen Vogel abrichten, auf den Baum klettern und verbotene Birnen schmausen. Bei Heinrich Brümmer im Hinterzimmer die freireligiösen Schriften studieren, die der Gastwirt des Dorfes achtlos auf dem Klavier hatte liegen lassen. Was steht da? Gott sei nur eine Erfindung der Menschen? Neue Nahrung für einen, der schon früh zur Skepsis neigte.

Und dann wieder beim Onkel im Pfarrhaus sitzen und ihm die Geheimnisse der Bienenzucht entlocken. Immerhin war Pastor Kleine nebenher ein begeisterter Imker, ein Naturforscher; später sollte er gar eine eigene Fachzeitschrift herausgeben, das „Bienenwirtschaftliche Centralblatt“. Eins griff in das andere. Alles zusammen ergab einen soliden, funktionierenden, reagierenden und bald auch ganz von selbst nach Erweiterung drängenden Korpus an Wissen: von der Naturbeobachtung zur Wissenschaft. Sogar die Mathematik gewann da Sinn und Form.

Die Dichter haben sie gelesen, „heimische und fremde“, wie Busch sich erinnert. Und ganz nebenbei stellte sich ein Gefühl für Sprache und ihre Formbarkeit ein, für Takt und Metrik und Rhythmus, die Wilhelm bald so leicht und so souverän zu handhaben wußte: „Wie wohl ist dem, der dann und wann“, so spöttelt er, „sich etwas Schönes dichten kann.“

Das Schönste waren die Zeichenstunden, nach der Natur und aus der Erinnerung. Wilhelm lernte hinzuschauen, das Besondere zu erkennen, das Typische hervorzuheben. Darin sollte später seine Kunst begründet liegen: im Auge vor allem, erst dann in der Hand. Das Haus, den Garten, die Menschen im Dorf, auch sich selbst und seinen Freund Erich hat Busch schon früh porträtiert. Und, als hätte es des Beweises noch bedurft: Der blonde Erich und der dunkle Wilhelm gleichen den Lauselümmeln Max und Moritz aufs Haar.

Warum eigentlich hat noch niemand diesem Georg Kleine ein Denkmal gesetzt? Eine Schule nach ihm benannt? Weil er nur praktisch bewiesen hat, was viel später erst theoretisch ausformuliert wurde? Daß Genie nämlich Anregung braucht, entfaltet werden muß. Daß es sonst verkümmern, verwachsen, verhornen kann – eben weil es Genie ist. Fest steht: Einen besseren, klügeren, einfühlsameren Lehrer hätte sich der begabte Junge nicht wünschen können. Eines wuchs aus dem anderen, machte neugierig, weckte Hunger auf mehr. Und der Onkel verfügte über einen unerschöpflichen Vorrat an Kniffs und Drehs, an Märchen, Geschichten und Vergleichen. Damit gab er Anstöße. Laufen, suchen, lernen mußte Wilhelm selbst.

In der Bibliothek des Pfarrhauses stieß der Junge auf Immanuel Kant, die „Kritik der reinen Vernunft“. Viel wird er zunächst nicht verstanden haben von dem Klassiker der aufgeklärten Philosophie; später einmal sollte er eine Sammlung lebenskluger, lebenskritischer Gedichte in koketter Anlehnung an den großen Denker „Kritik des Herzens“ nennen – aber eine Entdeckung hat er doch gleich bei der Lektüre im Haus des Onkels gemacht: seine Neigung, „in den Laubengängen des intimeren Gehirns zu lustwandeln, wo's bekanntlich schön schattig ist, oder in der Gehirnkammer Mäuse zu fangen, wo es nur gar zu viele Schlupflöcher gibt“. Die Lust am Denken, am Grübeln und auch am Mäusefangen blieb ihm erhalten. Kein Wunder, daß er für die Rohrstock schwingenden Prügelpädagogen, die dummen und anmaßenden, hilflosen und verzweifelten, Zeit seines Lebens nur Spott und Verachtung übrig hatte. Er hatte ja seinen Onkel Georg Kleine.

Einmal freilich setzte es auch im Pfarrhaus Schläge. Wilhelm hatte den gutmütigen Dorftrottel zum Besten gehalten, ihm Kuhhaare statt Tabak in die Pfeife gestopft und rauchen lassen. Der Onkel hatte das böse Spiel gerochen und schlug zu – mit dem Stengel einer Blume, einer Georgine aus dem Pfarrgarten. Eine sehr symbolische Tracht Prügel, und Wilhelm wird doppelt dankbar gewesen sein: für die Strafe und für ihre Milde.

In Ebergötzen verlebte er glückssatte Kinderjahre, eine reiche und im großen Ganzen harmonische Zeit. Lernen und verstehen und erobern, fragen und ausprobieren und Antworten finden – was kann ein Junge sich Schöneres wünschen? Und das Allerschönste war: Immer am Nachmittag war auch Freund Erich dabei. Dann unterrichtete Pastor Kleine beide Jungen gemeinsam. Es war ja genug da.

Wieder so ein Glück für Wilhelm. Der geradlinige und bodenständige Müllerssohn sorgte dafür, daß er vor lauter Kant und Homer den Bodenkontakt nicht verlor. Und umgekehrt stellte der Unterricht sicher, daß Erich in der Nähe blieb, auch geistig. Wichtig für einen wie Busch, der schon früh zur Eigenbrötelei neigte, und dessen Hang zu Spott und Bosheit bisweilen nahe bei der Arroganz angesiedelt war.

Die Eltern blieben in der Ferne. Wilhelm schrieb brav seine Briefe, traurige Briefe eigentlich, in denen ein kleiner Junge um Zuneigung bettelt, indem er seinen Fleiß und seine Fortschritte im Lernen hervorkehrt. An seinem ersten Weihnachtsfest in der Fremde, 1841, schickte er den Eltern seine Übungshefte zum Beweis dafür, „daß ich in Ebergötzen nicht so dumm geblieben, als ich hingekommen bin“; er bat um milde Beurteilung – „aller Anfang ist schwer, das werdet Ihr auch an meinen schriftlichen Arbeiten erkennen“ – und unterzeichnete den Brief förmlich-steif mit „Euer Euch liebender Sohn W. Busch“. Einmal auch besuchte der Vater ihn beim Schwager, einmal in fünf Jahren. Fand alles zu seiner Zufriedenheit und reiste wieder ab.

Drei Jahre sollte es dauern, bis der Junge sein Elternhaus in Wiedensahl wieder zu Gesicht bekam, und keiner seiner Biografen, keiner, der seinem spöttischen, illusionslosen, doch bis heute so ungemein populären Humor auf den Grund zu gehen suchte, läßt das Wiedersehen des Zwölfjährigen mit der Mutter aus: Sie war draußen im Dorf, Wilhelm lief ihr entgegen; „... ich kannte sie gleich, aber sie kannte mich nicht, als ich erst mal an ihr vorbeiging. So hatte ich mich verändert.“ Die Mutter erkennt ihren eigenen Sohn nicht mehr! Und der, anstatt ihr um den Hals zu fallen, zögert, ist unsicher, geht erst einmal vorüber. Und sucht die Schuld, wie so oft, bei sich selbst.

Lüthorst. Zwischen Holzminden und Einbeck, zwischen Solling und Harz. Im Duell um die wahre Heimat des Menschenbeobachters liegt das Dorf – auf Platz drei. Wilhelm Busch habe hier von 1846 bis 1897 seine zweite Heimat gehabt, heißt es auf dem Gedenkstein vor dem Pfarrhaus. Bescheidenheit kann sehr klug sein. Mögen Wiedensahl und Ebergötzen sich um die Ehre der ersten, der wahren Heimat drängen – die zweite ist immer die, die einer sich selbst ausgesucht hat. Und für Busch blieb sie da, wo der Onkel war. 1846 hatte Georg Kleine das Pastorenamt in Lüthorst übernommen, und Wilhelm, 14 Jahre alt, war mitgegangen. Für ein Jahr zunächst, aber dann, um immer wiederzukommen. Mal nur auf ein paar Tage, mal für viele Monate. Im Pfarrhaus war immer Platz für ihn. Viele seiner Landschaftsbilder sind hier entstanden, Gedichte, Zeichnungen nach der Natur, auch manche Episoden für seine spöttischen, witzigen Bildergeschichten. Hier fand er Ruhe. Darauf kam es an.

Sonntagmittag. Oben im Dorf ist ein Festplatz geschmückt. Schützenfest auch hier, wahrscheinlich ist es gestern abend hoch hergegangen. Jetzt sind ein paar Unentwegte vom Frühschoppen hängengeblieben und hocken auf den Bänken unter grün-weißen Girlanden.

Im Ort herrscht Feiertagsruhe. Kein Mensch ist auf den Straßen zu sehen. Unter dem dichten Laubdach der Linde neben der Kirche haben sich Jugendliche versammelt, die Jungs verbreiten sich, die Mädchen kichern. Das wird früher nicht anders gewesen sein. Der Baum, das verrät ein Schild an seinem geborstenen und vom Baumarzt mit Kitt und Eisen geflickten Stamm, ist 650 Jahre alt.

Nebenan liegt das Pfarrhaus, ein efeuüberwucherter Klinkerbau mit breiter Auffahrt, 19. Jahrhundert, aber schon nah an der Wende zum 20. Jahrhundert. Es ist nicht mehr das Haus, in das Pastor Kleine mit Frau und Kindern – und mit Wilhelm – damals einzog. Und auch der Bach vor dem Fenster mit den angrenzenden Gärten und der Gänsewiese ist verschwunden, unterirdisch durch Rohre abgeleitet.

„Gegenüber am Ufer stand ein Haus“, beschrieb Busch noch eine Szene, die er aus seinem Fenster beobachtet hatte, „eine Schaubühne des ehelichen Zwistes; der sogenannte Hausherr spielt die Rolle des besiegten Tyrannen. Ein hübsches natürliches Stück; zwar das Laster unterliegt, aber die Tugend triumphiert nicht. Das Stück fing an hinter der Szene, spielte weiter auf dem Flur und schloß im Freien. Sie stand oben vor der Tür und schwang triumphierend den Reiserbesen, er stand unten im Bach und streckte die Zunge heraus; und so hatte auch er seinen Triumph.“

Jahre später, Busch war 26, als Kunststudent in Düsseldorf und Antwerpen gründlich gescheitert, ratlos, beschämt und wohl auch deprimiert, auch den Plan, als Bienenzüchter nach Brasilien auszuwandern, hatte er verworfen – da kehrte er für ein paar Monate nach Lüthorst zurück, um in der Gegend lustiges Bauerntheater zu inszenieren und selbst auch mal als Hauptdarsteller auf der Bühne zu stehen. Der Titel des Stücks: „Einer hat gebimmelt und alle haben gebummelt“. Ob es ein Erfolg war? Wahrscheinlich eher nicht. Aber vielleicht hat’s ihn aufgebaut, ein bißchen Spaß mit den Leuten – und wohl auch an ihnen – zu haben. Die Anregungen fand er ja gleich vor dem Fenster, buchstäblich.

Das alte Pfarrhaus in Lüthorst, der Konfirmand Busch zeichnete es um 1846. Rund 50 Jahre später wurde der Bau abgerissen, der angrenzende Bach verschwand in einer Röhre; das neue Pfarrhaus entstand an anderer Stelle.

Dorfleben. Die Kirche ist zugesperrt, auch der Festplatz inzwischen verlassen. Wer Wilhelm Busch hier finden will, der muß schon suchen. Vor einem Haus neben der Kirche hat einer das bekannte Selbstporträt des rauschebärtigen Humoristen mit kühn geschwungenem Schlapphut als Relief in eine Baumscheibe geschnitzt, aber das Holz ist grau und geborsten. Ein bißchen verwittert und gelb sind auch die Zettel im Infokasten, der an der Mauer neben der Dorflinde hängt. Ein „Wilhelm-Busch-Landhotel" ist da annonciert, ein „Heimatverein Wilhelm Busch Lüthorst e. V.", zu erreichen über Joachim Stünkel, Telefon 05562-590. Aber niemand meldet sich um diese Zeit. Im Dorf herrscht Mittagsruhe.

Und dann ist auf einem der gelblichen Zettel noch von einem „Wilhelm-Busch-Zimmer" die Rede, Öffnungszeit: jeden Sonntag von 14 bis 16 Uhr. Genau jetzt! Und nicht mehr lange!

Ganz leicht zu finden ist es nicht. An der Dorfausfahrt, wo die Straße Richtung Einbeck einen Knick nach links macht, geht es geradeaus in die Felder, aber gleich rechts durch das schmale Tor zum Schul- und Sportzentrum der Gemeinde. Merkwürdig: ein Wilhelm-Busch-Zimmer in einem Neubau? Aber tatsächlich: Zwischen Grundschule und Kindergarten, Schützenverein und Turnhalle steht eine Tür offen, ein junger Mann geht davor auf und ab und wartet auf Besucher. Noch keiner dagewesen heute.

Wie ein angestaubter Heimatforscher sieht er nicht aus, aber wie einer, der sich auskennt in der Gegend und mit ihren Menschen. Braun gebrannt, breitschultrig, kariertes Hemd: So einer hat unter der Woche anderes zu tun als zarte Zeichnungen zu erläutern. Heute aber, am Sonntag, tut er es ehrenamtlich und nicht ohne Stolz. Die stets nur postkartengroßen Gemälde, deren Reproduktionen hier ausgestellt sind, seien allesamt nachweislich in Lüthorst und Umgebung entstanden, sagt er. Windgezaustes Land ist darauf zu sehen, ganz wie in Wiedensahl, ein offener, unruhiger Himmel, üppiges Grün. Und auch hier immer wieder die auffällige Rotjacke, die in all diesem Brausen und Tosen und Wehen – ganz klein und geduckt – nach Schutz und Geborgenheit sucht.

Auf den Zeichnungen, die neben Briefen und Büchern ausgestellt sind, ist der Ort deutlicher zu erkennen. „Den Gänsestall gibt es noch", sagt der Mann vom Heimatverein und zeigt auf einen schon damals windschiefen Verschlag. Das alte Pfarrhaus wurde abgerissen,

Lüthorst: Als die Familie des Onkels von Ebergötzen fortzog, reiste Wilhelm mit. Das kleine Dorf am Fuß des Sollings blieb Zuflucht und zweite Heimat bis in sein hohes Alter.

als das neue gebaut wurde, aber ein drittes Sujet, ein düsterer Gewölberaum, sei noch genau so aufzufinden: in der Domäne Hunnesrück, einem Gutshof ganz in der Nähe, in der heute die Zuchthengste des Landes Niedersachsen ihrer zukunftsträchtigen Arbeit nachgehen. Im Amtsdeutsch: in der Landesbesamungsstation. Was wohl ein Spötter wie Busch daraus gemacht hätte?
Die Leute im Dorf begegneten dem Zeichner mit Zurückhaltung. Ein Müßiggänger, der mal aus München, mal aus Frankfurt angereist kam und wenig anderes zu tun schien als spazierenzugehen, vor sich hin zu sinnieren und seine Zeit totzuschlagen – das konnte ihnen nicht gefallen. Die Pfarrstelle des Onkels war solide dotiert, große Ländereien gehörten dazu. Außerdem war Busch selbst unabhängig, seit seine Bildergeschichten begeisterte Leser fanden. Die kleinen Leute von Lüthorst klaubten derweil im Wald Brennholz zusammen und schickten ihre Ziegen und Schafe dorthin zur Futtersuche. Kein leichtes Leben, und Mißgunst braucht wenig Anlaß. Der Mann vom Heimatverein sagt es ganz unumwunden: „Wilhelm Busch war bei uns lange Zeit verschrien."
Bis Anfang der siebziger Jahre – wohl gemerkt: des 20. Jahrhunderts. Da trafen sich Busch-Freunde und -Kenner in Lüthorst, um den Gedenkstein vor dem Pfarrhaus einzuweihen. Und erst 1997 formierte sich der Heimatverein, um Zeugnisse aus der Geschichte des Zeichners und Reimeschmieds zusammenzutragen und sein Andenken zu pflegen. Ein kleines Zimmer in einem ziemlich nichtssagenden Neubau haben sie ihm erobert. Aber jeden Sonntag stellt sich einer hin und wartet zwei volle Stunden lang auf Besucher, denen er vom Dorf erzählen kann, vom Leben auf dem Lande und von dem merkwürdigen Kauz, der hier vor reichlich mehr als hundert Jahren über die Feldwege gewandert ist, den Leuten zugeschaut und sich seine Gedanken dazu gemacht hat. Ist doch auch schon was.

Die Domäne Hunnesrück bei Lüthorst, heute ein Zentrum der Pferdezucht. Busch kam auf seinen Wanderungen gern hier vorbei; seine Skizzen von Stallungen und Kellergewölben des Gutshofes und die Bilder der Umgebung sind in Lüthorst zu sehen.

Allein sein mit sich selbst, die Welt mit ihrem „Gewurl der Stadt", ihren Eitelkeiten und Enttäuschungen hinter sich lassen: Mag sein, daß Wilhelm Busch sich seiner Sehnsucht nach Abstand und Erdung erst in Lüthorst so richtig bewußt wurde. Fest steht, daß er das südniedersächsische Dorf schon bald wieder verließ, um sich in Hannover, später in Düsseldorf, Antwerpen und München um Ausbildung zu bemühen – daß er aber immer wieder hierher zurückkehrte, um sich neu zu sortieren und neue Pläne zu fassen. Hier auch beobachtete er das Leben auf dem Dorf, hier inszenierte er lustiges Bauerntheater, hier sammelte er Sagen und Märchen aus dem Volk. Und viele Zeichnungen und Gemälde entstanden unter dem großen, belebten Himmel oder im Atelier, das Busch sich im geräumigen Pfarrhaus eingerichtet hatte.

Lüthorst.
Der Menschenbeobachter. Oder: Schläge mit dem Blumenstengel

Ein Land, aus dem Gedichte und Bilder wachsen: Wenn es Busch immer wieder – und oft für lange Zeit – nach Lüthorst zog, so lag das sicher nicht nur an der gütigen und gebildeten Vaterfigur des Onkels Georg Kleine. Auch das Land selbst, kraftvoll, ein wenig herb, offen und doch voller Wunder und Geheimnis, scheint Buschs Seele angerührt zu haben.

Die Kirche St. Magnus in Lüthorst. Der Onkel, Pastor Georg Kleine, hatte ihm die Augen für die Natur geöffnet, hatte ihn Mathematik gelehrt und ihm die alten Dichter nahegebracht. Über Gott hatte er gesprochen und den Jungen für die Bienenzucht begeistert (später wollte Wilhelm Busch sogar als Imker nach Brasilien auswandern), hatte ihn schließlich in der alten Dorfkirche konfirmiert und auf den Lebensweg entlassen – aber das efeuüberwucherte Pfarrhaus und die schon damals fast 500 Jahre alte Linde auf dem Kirchhof blieben für Wilhelm Busch eine Heimat der Seele.

Eine Uhr und ein Paletot für das Leben in der Stadt. Wilhelm gehörte nun zu den Erwachsenen. Im April 1847 hatte der Onkel ihn in der Dorfkirche St. Magnus konfirmiert, im Herbst ging es ans Polytechnikum nach Hannover. Der Vater hatte ja entschieden, daß der Junge Maschinenbauer werden soll; Logis fand er bei Verwandten in der Schmiedestraße nahe der Marktkirche – heute steht ein Parkhaus an der Stelle, im Erdgeschoß eine Samenhandlung.

Das elegante Mäntelchen wird der Schneider in Lüthorst ihm angepaßt haben, denn den Umweg über Wiedensahl, über das Elternhaus, ersparte sich Wilhelm. Zwar begann nun ein neuer Lebensabschnitt für den jungen Mann, aber in der Familie des Gemischtwarenhändlers ging es, wie gesagt, eher unsentimental zu.

Stolz wird der Junge gewesen sein, die erste Uhr, städtischer Zwirn – wohlgefühlt hat er sich offenbar nicht. Gleich am ersten Schultag kam er vor lauter Ungeschick und Verlegenheit mit seinem Paletot dem Schulofen zu nahe, es roch brenzlig, die Rückseite des feinen Stöffchens fing an zu kokeln. Die Mitschüler feixten, und Wilhelm war gebrandmarkt: der mit dem großflächig geflickten Mantel. Der Tölpel vom Lande, der sich in der Stadt nicht zu bewegen weiß. Busch lachte später bitter mit: ein schlechter Start, aber bezeichnend für so vieles, was noch kommen sollte. Und irgendwie: genau seine Art von Witz. Da will einer was darstellen, was er nicht ist, nicht hat, nicht kann, und dann kokelt er sich den Gehrock an. Scheitert an seinen Ansprüchen und an einer tückischen Wirklichkeit. „Balduin Bählamm“, „Maler Klecksel“, „Tobias Knopp“: In seinen Geschichten hat Busch unentwegt solche Charaktere vorgeführt, hat sie haarscharf an der Erfüllung ihrer Träume vorbeischliddern – und schließlich, pardauz!, auf die Nase fallen lassen.

Er wollte es ja schaffen. „Viel guten Willen“ bescheinigten ihm die Lehrer im ersten Zeugnis, er sei aber „etwas flüchtig“. Wilhelm verdoppelte seine Anstrengungen. „Die Elementarmathematik hätte ich meinem Zeugnisse nach eigentlich nicht wieder zu nehmen brauchen“, legt er der skeptischen Mutter seinen Lehrplan dar. „Indeß ich weiß selbst am besten, wie es mit mir steht. Es ist für mich nicht allein nöthig, daß ich den Vortrag verstanden habe, sondern mein künftiger Lebenszweck erheischt mehr als das; ich muß ihn auch durchweg u. zu jeder Zeit im Gedächtnisse bereit haben.“

Ein Musterschüler. Ein Mustersohn. Altklug, bemüht, geradezu devot. Aber einer, dem die Begeisterung fehlt. „In der reinen Mathematik schwang ich mich bis zur ‚Eins mit Auszeichnung‘ empor“, konstatiert er später nüchtern, „aber in der angewandten bewegte ich mich mit immer matterem Flügelschlage.“

So einer ist anfällig gegen Störungen. Und die Zeiten waren unruhig. Die Revolution von 1848 schlug zwar fehl, aber auch im Königreich Hannover brodelte es. Nicht, daß Wilhelm Busch damals oder später politisch ernsthaft interessiert gewesen wäre, aber er wur-

Die Ähnlichkeit ist unverkennbar: Busch selbst war das Vorbild für den Max aus „Max und Moritz“. Inzwischen ist er 16, wir schreiben das Jahr 1848, in Deutschland wütet die Märzrevolution. Als seine eigenen „Märzerrungenschaften“ bezeichnet er später selbstironisch – das Rauchen und das Biertrinken.

de hineingezogen. Die Schüler des Polytechnikums, unter Leitung der Lehrer zu Kompanien zusammengefaßt und militärisch gedrillt, sollten nun helfen, Ruhe und Ordnung in der Stadt aufrechtzuerhalten. Eine lächerliche Truppe, auch in Buschs Augen. Gewehre bekamen sie, aber keine Munition. An der Ballhof-, Ecke Knochenhauerstraße in der Altstadt hatten sie eine leichte Barrikade zu nehmen, ein Kommilitone prickte einem Ruhestörer das Bajonett in den Hosenboden – ansonsten: viel Lärm um nichts. Das war die Revolution.

Aber der Unterricht war gestört. Ein paar Übereifrige flogen von der Schule. Wilhelm hatte immerhin in der Wachstube „die bislang noch nicht geschätzten Rechte des Rauchens und des Biertrinkens" erkämpft; spöttisch nennt er sie seine „Märzerrungenschaften". Und Justus Ebhardt, der Sohn des Justizrats, in dessen Haus Wilhelm untergebracht war, hatte seine vorgezeichnete Laufbahn verlassen, um zur See zu gehen, bestimmt zum Entsetzen seiner wohlsituierten Eltern. Da bahnte sich was an, auch für Wilhelm.

Gut zwei Jahre noch verfolgte er das, was sein praktisch denkender Vater ihm als „künftigen Lebenszweck" vorgegeben hatte, dann war Schluß. Sein Schulfreund August Klemme war schon vorausgegangen und berichtete in begeisterten Briefen; im März 1851 folgte auch Wilhelm Busch: nach Düsseldorf an die Kunstakademie. Maler werden!

Der Vater daheim in Wiedensahl muß geschäumt haben. Aber er ließ sich breitschlagen. Vielleicht haben die Mutter und vor allem der kunstsinnige Onkel ein gutes Wort für den jungen Künstler eingelegt.

Wilhelm kämpfte verbissen. Nun galt es. Nun mußte er seine Entscheidung dem Vater gegenüber rechtfertigen. Er machte sich einen Plan, stand früh auf, teilte sich den Tag ein, saß im Antikensaal und zeichnete nach den klassischen Vorbildern – aber wie das mit Plänen mal so geht: Von Anfang an muß er gespürt haben, daß Düsseldorf der falsche Ort für ihn war. Mai 1852, Freund Klemme war inzwischen in Antwerpen. Busch folgte.

Doch was ihm dort gefehlt hatte, hier bedrängte es ihn in atemberaubender, entmutigender, lähmender Überfülle. „In Antwerpen sah ich zum erstenmal im Leben die Werke alter Meister", erinnert er sich später: „Rubens, Brouwer, Teniers; später Frans Hals. Ihre göttliche Leichtigkeit der Darstellung, die nicht patzt und kratzt und schabt, diese Unbefangenheit eines guten Gewissens, welches nichts zu vertuschen braucht, dabei der stoffliche Reiz eines schimmernden Juwels, haben für immer meine Liebe und Bewunderung gewonnen; und gern verzeih ich's ihnen, daß sie mich zu sehr geduckt haben, als daß ich's je recht gewagt hätte, mein Brot mit Malen zu verdienen, wie manch anderer auch."

Sie hatten ihn regelrecht erschlagen. Der junge Mann aus Wiedensahl war begeistert – und zugleich am Ende. Technisch meilenweit unterlegen; das ließe sich noch aufholen. Aber die bewunderte „Unbefangenheit eines guten Gewissens", die war ihm irgendwann abhanden gekommen. Er war so befangen in Skrupeln, Kleinmut, einem Gefühl von Unzulänglichkeit und Schuld, daß er die Flinte ins Korn warf. Maler werden konnte er nun nicht mehr, nicht im Angesicht solcher Vorbilder. Und wirklich: Nie sollte er sich an eine wirklich große Komposition wagen, seine Gemälde blieben meist im Format eines Skizzenblatts, viele auch nur handtellergroß, verschämt, schuldbewußt, unsicher. „Geschafft muß werden", entschuldigt er sich für seine hastig hingeschleuderten, betont unfertigen Versuche, „selbst der Taschendieb geht täglich auf Arbeit aus." Aber ein Bild verkaufen oder sich in einer Ausstellung dem Urteil anderer, Kollegen womöglich, stellen: Das hat Busch nie getan. Daß ihm Kunstkenner – sein Münchner Malerfreund Franz von Lenbach etwa, oder später auch Paul Klee, ein Pionier der modernen Malerei – solides Talent und einen eigenen, eigenwilligen Strich bescheinigten, daß sie seine Bilder gerade wegen ihrer spontanen, natürlichen Freiheit lobten und mancher in ihnen sogar den expressiven Gestus der Moderne heraufscheinen sah: Er hätte das Kompliment wohl zurückgewiesen, schamhaft, als sei er ertappt worden. Ach nein, bitte, das ist doch nur ein Zeitvertreib …

20 Jahre alt und aller Illusionen ledig. Zwar bemühte sich Busch redlich, in seinem Scheitern auch einen Neuanfang zu erkennen, von nun an gehe es um „die bestimmtere Gestaltung meines Charakters als Mensch und Maler", aber so recht daran geglaubt hat er wohl nicht. Er war mittellos, auf sich

Maschinenbauer sollte Wilhelm werden – doch am Polytechnikum in Hannover (Stahlstich von 1850) erlebte der Schüler herbe Enttäuschung: Vor allem in der angewandten Mathematik, so erinnerte er sich später, „bewegte ich mich mit immer matterem Flügelschlage".

Maß genommen bei den Meistern: Die alte Frau diente als Modell an der Antwerpener Kunstakademie. Der Student Busch porträtierte sie (46 x 38 cm, 1852) in der Manier seiner flämischen Vorbilder.

selbst zurückgeworfen, nun wurde er ernsthaft krank. Typhus. Und wahrscheinlich ist es nur der rührenden Fürsorge seiner Wirtsleute Jan und Mie Timmermans zu danken, daß er überhaupt wieder auf die Beine kam. Wann wohl hatte er das letzte Mal so unmittelbare, so körperliche und warmherzige Zuwendung erfahren wie bei dem kinderlosen Barbier und seiner Frau an der Käsbrücke in Antwerpen? Als er nach drei Monaten blaß und gedrückt die Stadt verließ, um nach Wiedensahl zurückzukehren, nahm er etwas mit fürs Leben. Was Jan und Mie ihm auf den Weg gegeben hatten? Drei Orangen und – aha! – eine rote Jacke.

Die Heimkehr war kleinlaut, natürlich. Es braucht nicht viel Phantasie, sich die Stimmung im Hause Busch vorzustellen, die Vorwürfe, die Hinweise auf das vergeudete Geld und die vertane Zeit, die galligen Bemerkungen des Vaters, die Beschwichtigungen und die stille Verzweiflung der Mutter. Wilhelm hatte den Eltern von Antwerpen aus noch großspurig angekündigt, seine Studien seien nun vorerst beendet, alsbald werde er seine neu erworbenen Fähigkeiten an einem großen Gemälde auf die Probe stellen, aber das glaubte er wohl selbst nicht. Wer den Zustand des Jungen sah, mutlos, schlapp, bleich, der wußte es besser.

Wilhelm zog den Kopf zwischen die Schultern, ließ über sich ergehen, was unvermeidlich war. Ansonsten suchte er seinen Frieden: in den „Laubengängen des intimeren Gehirns“, wie er es beim Onkel gelernt hatte, in der Natur der Umgebung. Las Darwin, las Schopenhauer und zeichnete alles, was ihm in der Feldmark vor den Skizzenblock stolperte, wehte und wucherte. Und er frönte einer neuen Leidenschaft, auf die ebenfalls der Onkel in Lüthorst ihn gebracht hatte: klopfte an die Türen der Katen und Waldhütten, fragte die Käuze des Dorfes, die Alten, die Sonderlinge und sammelte Märchen. Vielleicht hat ihm die einfache, pointierte Erzählweise der Leute später bei seinen eigenen Geschichten geholfen. Darüber ließe sich spekulieren. Aus der Ratlosigkeit half ihm das alles vorerst nicht. Wilhelm suchte.

Aber er war zurückgekehrt. Nicht nach Lüthorst zum verständnisvollen Onkel (den sollte er bald besuchen), nicht nach Ebergötzen, wo Freund Erich sich inzwischen auf einen schnurgeraden Lebensweg als Müller gemacht hatte. Nein, nach Wiedensahl war er gekommen, in die Höhle des Löwen zwar, aber auch in die Landschaft seines Herzens, zu seinen Wurzeln. Mutig. Trotzig. Erwachsen. Und vielleicht doch eine erste Konsequenz auf den in Antwerpen gefaßten Entschluß, sich nun erst einmal um „die bestimmtere Gestaltung meines Charakters als Mensch“ zu kümmern.

Denn so sollte es bleiben. Viele Jahre seines Lebens verbrachte Busch in München, viele auch in Frankfurt, und immer wieder lockte es ihn auf Reisen, Wien, Berlin, Dresden, Holland, Belgien, Florenz, Rom, Venedig. Ein umtriebiger Geist – aber immer wieder kehrte er nach Wiedensahl zurück, in die Feldmark, ins Schaumburger Land. Hier entstanden fast alle seine Bilderge-

schichten. Ohne den Ulk, den fröhlichen und den verzweifelten, den er in Münchner Künstlerkreisen erlebt und selbst verzapft hat, ohne die Begegnung mit der besseren Gesellschaft in der Bankenstadt Frankfurt – und natürlich ohne die Kontakte zu städtischen Freunden, Förderern, Verlegern, Drukkern und Kritikern – wäre das alles nicht möglich gewesen. Aber auch nicht ohne die Sicherheit und Seelenruhe, die Wiedensahl ihm bot, und ohne die Distanz zu dem eitlen, aufgeregten, anmaßenden, rührenden Treiben, die er dort wahren konnte. Seine Geschichten beziehen sich auf das Stadt- oder das Landleben in Kenntnis des jeweils anderen; aus den Brechungen resultiert viel von Buschs Witz, aus den Widersprüchen nährt sich sein Spott. Ländliche Tumbheit und städtischer Dünkel, Bauernschläue und bürgerliche Form: Sie prallen aufeinander, reiben sich aneinander, eins triumphiert über das andere; es entstehen Peinlichkeiten, Erbaulichkeiten, Lächerlichkeiten.

Rückzug an den heimischen Herd: die Küche im Pfarrhaus zu Wiedensahl (42 x 55 cm, o. J.). In Lichtführung und Pinselstrich wird deutlich, wie sehr sich Busch auch weiterhin an den flämischen Meistern orientierte.

Und der Leser schaut zu, schmunzelt, fühlt sich ertappt – und lacht trotzdem. Das Dorf war, allen Anfechtungen und Tuscheleien zum Trotz (oder vielleicht gerade wegen ihnen), der Ort, an dem Wilhelm Busch er selbst sein konnte, an dem er geerdet war. Er muß so etwas gespürt haben, als er sich, 20 Jahre jung und soeben von seinem Höhenflug in die große, freie Kunst abgestürzt, klaglos unter die Augen seines schimpfenden, höhnenden, vielleicht auch leise verzweifelten, milde verzeihenden Vaters begab. Für eine ganze Weile hielt er das nun aus. Zumindest war er ja zu Hause.

Busch war voll bester Absichten, als er sich in Wiedensahl auf den Lebensweg machte, den der Vater ihm vorgegeben hatte – da war Enttäuschung programmiert. Der junge Schüler und Student lernte das Scheitern kennen, das Verhältnis zum Vater litt, doch Wilhelm kehrte immer wieder in die Heimat zurück.

„Oder sehnst du dich mehr nach den feierlichen Tönen einer durchleuchteten Dämmerung“ – bisweilen bezeichnete Busch sich selbst scherzhaft als „Oansiedl im Hinterwald“: Er brauchte die Stille, er fand sie in der Natur. Im Wald von Wiedensahl, weitab vom Dorf, ist sie wie mit Händen zu greifen.

Freund Klemme hatte wieder geschrieben, inzwischen war er in München gelandet. Wilhelm solle doch kommen. Und Wilhelm kam, November 1854, dankbar wahrscheinlich, nun doch endlich der gedrückten und gereizten Stimmung im Elternhaus entfliehen zu können. Er blieb, um an der Königlichen Akademie der Künste einen neuen Anlauf mit der Malerei zu wagen.

Lange freilich kann es auch diesmal nicht gedauert haben. Sein an den Meistern des Nordens geschulter Stil paßte nicht zum Kunstverständnis in der Klasse des Akademiedirektors Wilhelm von Kaulbach. Das Erregte, Nervöse, Expressive in seinen Versuchen haben seine Kommilitonen nicht bemerkt, es schon gar nicht als zukunftsweisend erkannt. Sie haben wahrscheinlich nur Frans Hals darin erblickt, den großen flämischen Meister des 17. Jahrhunderts, und der galt hier in München schlicht als Vergangenheit.

Busch blieb bei seiner Art; erstens war er hier nun mal der Fremde aus dem Norden, zweitens ging es um die Verteidigung seiner Idole. Aber er stand allein gegen die Lehrmeinung und den herrschenden Geist an der Akademie. Also wieder mal am Rande. Nachts hörte er manchmal das Rollen und Puffen der Eisenbahn, die inzwischen in München verkehrte. Er wohnte in der Nähe des Bahnhofs, in der Dachauer Straße 3. Das könnte ihm eine stete Mahnung gewesen sein: Wenn es hier nicht klappt, geht es wieder heim zu den Eltern.

Schwierige Zeiten für den jungen Künstler. Schon wieder aufgeben? Das kam nicht in Frage. In Wiedensahl ließ er sich nun längere Zeit nicht sehen, vorsichtshalber, aber gern floh er nach Lüthorst. Wohl dem, der in Dorfe oder Stadt einen Onkel wohnen hat ... Und wieder nach München, und wieder nach Lüthorst. Oder mal zu den Verwandten nach Hameln. So ging das über Jahre.

Das Künstlerdasein hatte ja auch seine angenehmen Seiten. Nächtelang hockten sie beim Kapler in der Promenadenstraße, rauchten, tranken Bier. Busch hatte sich da mittlerweile zu einem zähen Burschen entwickelt. Sie diskutierten und trieben ihren Schabernack, verfassten Spottgedichte auf Professoren und Kommilitonen und stellten ihre künstlerischen Fertigkeiten unter Beweis, indem sie einander mit langer Nase und kecker Tolle porträtierten. Auch die freche Karikatur war damals in Deutschland so eine der Märzerrungenschaften der fehlgeschlagenen Revolution.

Und Busch war in seinem Element. Hier, in der feuchtfröhlichen Runde des Künstlervereins „Jung-München" konnte er endlich seine Talente entfalten. Keiner konnte so treffende, beißende Verse formulieren wie er, keiner hatte einen so scharfen, so geschulten Blick für die kleinen Eigenarten und Macken der Mitmenschen. Mit Schwächen und Skrupeln, mit Heimlichkeiten und Hintergedanken – da kannte er sich aus. Und wie es so geht: In Zeiten der Bitterkeit und Beklemmung entfaltet sich der Humor, das Talent also, die Dinge von ihrer leichteren, lustigen, grotesken und lächerlichen Seite zu sehen. Busch hatte die Lacher auf seiner Seite, und er nutzte seine neu entdeckte Macht: Nichts und niemand war vor seinem Spott sicher, nicht Freund noch Feind, nicht Engländer, Franzose oder Jude, nicht einmal Kirche und Kaiser.

Die jungen Männer johlten, der Applaus war dem Spötter sicher, und er genoß ihn wie einer, der eine halbe Ewigkeit darauf gewartet hatte. Herr Wirt, noch eine Runde! Es wird schon hell. Keine Verklemmtheit entging seinem hellwachen Auge, keine Verschlagenheit schien ihm fremd, kein Klischee zu vordergründig. Ob der Beifall vielleicht manchmal von der falschen Seite kam? Ach Gott, so viele haben ihn im Laufe der Zeit vor ihren Karren spannen wollen, Sozialisten, Deutschnationale, Kirchengegner ...

Ob Busch nicht gar ein heimlicher Antisemit gewesen sei? Da nimmt Robert Gernhardt, der Frankfurter Zeichner, Poet, Satiriker und Busch-Verehrer, den Kollegen in Schutz; er beruft sich dabei auf so prominente Kenner des Wiedensahler Humoristen wie Golo Mann oder Hans Ries, der die kürzlich erschienene Gesamtausgabe der Bildergeschichten von Busch bearbeitet hat: „Aus eigener leidvoller Erfahrung weiß ich", schreibt Gernhardt, „daß Rollengedichte, zumal ironisch getönte, stets Gefahr laufen, in falsche Kehlen zu geraten. Um so eindringlicher möchte ich in diesem Fall mit Golo Mann auf Freispruch vom Antisemitismus plädieren."

Es *waren* Rollenspiele. Mit anderen Worten: Busch war so populär, weil er die Dinge sehen konnte, wie der kleine, biedere, ängstliche, geduckte Durchschnittsdeutsche sie sah. Und populär ist er bis heute. Am Witz der Deutschen, den er aufgespürt und so großzügig bedient hat, hat sich also nicht viel geändert.

Zwei Dinge geschahen nun, die Busch endlich auf seinen Lebensweg bringen sollten. Erstens: Er erfuhr, im Juni 1858, vom Tod seiner gerade 15-jährigen Schwester Anna. Und zweitens: Er begegnete, im Herbst desselben Jahres, dem Verleger Caspar Braun. Die schlimme Nachricht aus Wiedensahl ereilte den fröhlichen Studenten in Ammerland am Starnberger See. Aufs Land hatten sich die jungen Künstler aus München immer gern zurückgezogen, an den See oder auch ins Inntal nach Brannenburg, wo schon Carl Rottmann seine grandiosen Bergpanoramen gemalt hatte. Um die in Frankreich so viel diskutierte Pleinair-Malerei ging es ihnen, um das freie Malen unter freiem Himmel, aber natürlich auch um die Sommerfrische. Spaß haben. Busch malte nicht sonderlich engagiert, aber seinen Spaß hatte er um so mehr. Spazierte durch die schöne Landschaft, beobachtete das Treiben der Freunde, spöttelte, riß Witze. Dann kam die Depesche – und plötzlich fing er an zu arbeiten, methodisch und gewissenhaft, legte sich systematische Skizzenbücher an, studierte Anatomie und Bewegungsabläufe des menschlichen Körpers, erprobte und festigte seine Fähigkeiten in Studien und kleinen Gemälden. Es schien, als hätte er den Ernst des Lebens begriffen, und endlich machte er auch Ernst mit der Kunst. Es sollte sich sehr bald auszahlen.

Caspar Braun hatte wohl vom zeichnerischen Talent und dem scharfsichtigen, scharfsinnigen Humor des Norddeutschen gehört. Der Herausgeber der „Fliegenden Blätter" besuchte die jungen Künstler in ihrem Stammlokal, lauschte ihren Schwänken und Geschichten, schmunzelte über ihre Karikaturen – und warb Busch als Mitarbeiter für seine damals berühmte satirische Wochenschrift. Und der freute sich, daß er endlich mit seiner Arbeit Geld verdienen konnte.

Busch mußte sich umstellen. Seine Zeichnungen wurden zum Druck auf Holzstöcke übertragen. Das bedeutete Verzicht, Vereinfachung, Reduktion auf wenige, klare Linien. Doch Busch besaß ein sicheres Auge, eine sichere Hand; schnell erwarb er sich Routine in der neuen Technik. Bald lieferte er nicht mehr nur die beiläufigen Illustrationen zu fremden Texten – wie etwa beim „Naturgeschichtlichen Alphabet", das 1860 in den „Fliegenden Blättern" erschien –, sondern schrieb seine eigenen Reime dazu; bald auch gerieten, wie Busch sich später erinnerte, „die Situationen in Fluß und gruppierten sich zu kleinen Bildergeschichten". Wie gut, daß er mit dem Onkel die Dichter gelesen und selber zum Spaß Gedichtchen gereimt, wie gut, daß er in Lüthorst und mit den Münchner Freunden Theaterpossen geschrieben und aufgeführt hatte, und wie gut auch, daß er sich in seiner Heimat Märchen und andere unglaubliche Geschichten hatte erzählen lassen! Nun kannte er sich aus in Dramaturgie, in der Ökonomie des Erzählens. Und auch sein Strich wurde von Versuch zu Versuch klarer, knapper, fester, pointierter.

Braun hatte ein Riesentalent entdeckt, und er nutzte seine Chance freudig. Wilhelm Busch bekam Aufträge, wohl manchmal mehr, als ihm lieb war, und der Verleger machte gute Geschäfte. Als „Münchener Bilderbogen" ließ er bereits bezahlte Geschichten erneut drucken; Busch, der Autor, wurde nicht einmal erwähnt.

Das Bier frisch gezapft, die Stimmung gelöst: Ernst Hanfstaengl porträtierte den Freund aus dem Künstlerverein „Jung München" 1860. Mit Zechgelagen, Allotria und Tanzvergnügen verbrachten die fidelen Künstler in jenen Jahren ihre Nächte. Bis zum Zusammenbruch …

Die Nacht war lang, da werden auch gesetzte Herren mal albern: Franz von Lenbach (l.), Paul Lindau und Wilhelm Busch posieren im Atelier des Künstlers Ernst Hanfstaengl als die „drei Grazien" (1876), ziemlich frei nach dem klassizistischen Bildhauer Antonio Canova.

Antwerpen war weit, Busch setzte seine Studien an der Kunstakademie in München fort. In behutsamer Pinselführung, wie es dort gefragt war, entstand sein „Bayerischer Bauernbub“ (40 x 30 cm, o. J.), doch das Genrebildchen wirkt unentschlossen und wenig ausgereift. Busch muß es selbst bemerkt haben: In München, so notierte er später gallig, sei ihm das Malen ausgetrieben worden.

Vor dem Fenster seiner Kammer im neuen Elternhaus lag damals das „Haus Dörgeloh, Wiedensahl Nr. 20“. Busch malte den alten, pittoresk verfallenen Hof um das Jahr 1866 direkt auf den Lehmputz seines Zimmers. Das 33 x 40 cm große Bild kam erst Jahrzehnte später hinter einer Tapete wieder zum Vorschein.

Der hatte ohnehin den Weg nach Wiedensahl zurückgefunden, saß nun zwischen seinen Aufenthalten in München wochen- und monatelang in seiner Kammer des väterlichen Hauses und arbeitete, teils an Auftragsarbeiten für seinen Verleger, teils auch an Schnurren, die niemand bestellt hatte. Braun hatte es ja vorgemacht: Buschs Arbeiten ließen sich auch als Bücher verkaufen. Vier seiner Bildergeschichten bot der Zeichner nun dem Dresdner Verleger Heinrich Richter an, Sohn des bekannten Malers und Akedemieprofessors Ludwig Richter, der die fidelen Kunststudenten am Starnberger See besucht hatte. Richter ließ sich zu dem Coup überreden; die „Bilderpossen" wurden Buschs erstes eigenes Buch.

Es war recht derber Witz, den der Humorist seinen Lesern zumutete. „Katze und Maus" zerlegen die halbe Einrichtung, „Der Eispeter" geht trotz aller Warnungen aufs Eis und gefriert zu einem klirrenden Klotz; die erschreckten Eltern tauen ihn am Ofen auf, Peter zerschmilzt zu einer klebrigen Pfütze und endet in einem irdenen Einmachtopf auf dem Regal zwischen Gurken und Käse. Sowas bot Stoff zum Schenkelklopfen. Prügelnde Lehrer, böse Buben (und das waren nicht nur Max und Moritz!), der Unglücksrabe „Hans Huckebein", der scheinheilige „Fipps der Affe", „Die kühne Müllerstochter", die ganz allein vier Einbrecher auf herzhafteste Weise unschädlich macht, der genüßlich zelebrierte Niedergang der „Frommen Helene" bis zum schrecklichen Ende, „hilflos und mit Angstgewimmer": Gerade die Grausamkeiten sollten später die beinahe wollüstige Schadenfreude des Publikums reizen – vorerst funktionierte es nicht: Die „Bilderpossen" verkaufen sich nur schleppend.

Busch zeichnete weiter, längst hatte er seine Linie gefunden, längst klappten die Umsetzung der Originalzeichnung auf den hölzernen Druckstock – spiegelverkehrt! – und die Zusammenarbeit

mit dem Holzschneider aus dem Effeff. Busch war ein Profi geworden, aber immer noch weichherzig genug, seinem neuen Dresdner Verleger als Entschädigung für das entgangene Geschäft mit den „Bilderpossen" ein nächstes Werk honorarfrei anzubieten. Aber Richter, vorsichtig geworden und wohl auch noch nicht sehr erfahren, lehnte dankend ab.

Also Caspar Braun. Natürlich hatte der die Abwanderungsversuche seines Schützlings mitbekommen; jetzt ließ er Busch erst einmal zu Kreuze kriechen. Nicht allzu lange freilich, nicht allzu demütigend, der Münchner Verleger war ja nicht dumm: Irgendwann lenkte er ein, spendierte ein Honorar von 1000 Gulden für sämtliche Rechte an der Geschichte, ein dicker Batzen Geld, zumal für einen notorischen Hungerleider wie Busch – und machte das Geschäft seines Lebens: „Max und Moritz" war von Anfang an ein Riesenerfolg. Die Geschichte traf den Nerv des Publikums: Die Grausamkeit, die gut versteckte Anarchie, die klammheimliche Genugtuung, die sich einstellt, wenn die frechen Jungs der begriffsstutzigen Witwe Bolte das Geflügel aus der Pfanne klauen, dem biederen Lehrer Schießpulver in die Pfeife stopfen und zum Schluß dann selbst drakonisch bestraft werden – das war so recht nach dem Sinn der nachrevolutionären Deutschen! „Lachen ist ein Ausdruck relativer Behaglichkeit", analysierte Busch später. „Der Franzel hinterm Ofen freut sich der Wärme um so mehr, wenn er sieht, wie sich draußen der Hansel in die rötlichen Hände pustet. Zum Gebrauch in der Öffentlichkeit habe ich jedoch nur Phantasiehanseln genommen. So ein Konturwesen macht sich leicht frei von dem Gesetze der Schwere und kann, besonders wenn es nicht schön ist, viel aushalten, eh' es uns weh tut."

Bis zur Erfindung des amerikanischen Comic Strip mit seinen harten Linien, den knalligen Geschichten und den geräuschvollen Sprechblasen war es nun wirklich nicht mehr weit, und Busch hatte wichtige Vorarbeit geleistet. Bugs Bunny, Tom & Jerry, Donald Duck – das alles funktioniert ja nach genau diesen Regeln.

Braun wurde reich mit der Geschichte. Busch erst mit Verzögerung, aber dann unaufhaltsam. Zum Siebzigsten im Jahr 1902 gratulierte selbst der Kaiser dem berühmten Spaßmacher, ein stolzer Vater aus der damals deutschen Kolonie Togo in Westafrika schickte das Foto seiner beiden schokoladenbraunen Söhnchen. Sie hießen Max und Moritz. Die 20 000 Mark, die der Münchner Verlag zum Geburtstag überwies, um Busch doch noch ein wenig am fortdauernden Erfolg der Lausbubengeschichte teilhaben zu lassen, konnte der Jubilar großzügig an zwei Krankenhäuser in Hannover weitergeben. Er hatte das Geld nicht mehr nötig.

Wilhelm Busch 1860 in München – auf der Straße zum Erfolg: Caspar Braun hatte das satirische Talent entdeckt und den Zeichner für seine „Fliegenden Blätter" verpflichtet – bald sollten „Max und Moritz" den Verleger reich und Busch berühmt machen.

Vierter Streich.

Also lautet ein Beschluß:
Daß der Mensch was lernen muß. —
Nicht allein das A=B=C
Bringt den Menschen in die Höh';
Nicht allein im Schreiben, Lesen
Übt sich ein vernünftig' Wesen;
Nicht allein in Rechnungssachen
Soll der Mensch sich Mühe machen;
Sondern auch der Weisheit Lehren
Muß man mit Vergnügen hören.

Daß dies mit Verstand geschah,
War Herr Lehrer Lämpel da. —
— Max und Moritz, diese beiden,
Mochten ihn darum nicht leiden;
Denn wer böse Streiche macht,
Giebt nicht auf den Lehrer Acht.

Bilder aus einer manchmal gar zu heilen Welt: In Bildergeschichten wie „Max und Moritz" (links: vierter Streich) machte Busch den erhobenen Zeigefinger und bürgerlichen Bildungseifer zum Gespött seines Publikums. Oben ein Bild aus der Episode „Der hohle Zahn" (um 1868), darunter das Deckblatt des zweiten Kapitels von „Fipps der Affe" (1879)

Aber eigentlich sei er doch Maler. Die Dame hatte es sich zur Aufgabe gemacht – oder sollte man sagen: es sich in den Kopf gesetzt? –, den inzwischen auf seinem Gebiet erfolgreichen Wilhelm Busch an seine wahre Berufung zu gemahnen. Vielleicht gar: seine Seele für die Kunst zu retten. Johanna Keßler, Gattin des Bankiers Daniel Heinrich Keßler, führte ein großes Haus in der Bockenheimer Landstraße 62 zu Frankfurt am Main (inzwischen ist es abgerissen). Buschs jüngerer Bruder Otto, der Philosoph, war der Hauslehrer ihrer Kinder; daher der Kontakt. Der immer von Zweifeln geplagten Seele des Zeichners und Humoristen muß das geschmeichelt haben: Eine gebildete Dame, die erkennt, daß er sich unter Wert verkauft; die sein Talent erfühlt, seine Bestimmung ahnt und mehr noch: die ihn anspornt. Sie möchte so gern das erste große Gemälde von seiner Hand besitzen. Eine attraktive, elegante Frau zudem – es war ja nicht so lange her, daß Busch bei dem Kurzwarenhändler Adolph Richter in Wolfenbüttel um die Hand der 17-jährigen Anna angehalten hatte, die im Haushalt seines Bruders Gustav das Kochen lernte. Er war abgeblitzt. Busch hatte ein eigenes Atelier im Hause des Bruders, er arbeitete viel, verdiente anständig – aber ein Witzblatt-Zeichner, was war das schon in den Augen seines zukünftigen Schwiegervaters? Da tat es ihm gut, von einer großmütigen Gönnerin, einer Frau von Stil und Bildung, ein wenig charmiert zu werden, ein wenig zu kokettieren, anzudeuten, so zu tun, als ob …

Die Frauen in seinem Leben: links Johanna Keßler, aufgenommen wohl zwischen 1870 und 1875, Mitte: die Schwester Fanny als junges Mädchen. Die Frankfurter Bankiersgattin war fasziniert von Busch – und der auch von ihr.

Nichts da! Johanna Keßler war eine Dame. „Liebstes Tantchen", sprach Busch sie in seinen Briefen an, „Liebs guts Ungeheuer". Man beliebte zu schäkern; der Briefwechsel der beiden ist voll von Albernheiten, von wehmütigen, aber stets züchtigen Andeutungen, die notfalls auch der Gatte zu Gesicht bekommen durfte. Zumindest gilt das für die eine Hälfte des Briefwechsels, für Buschs Briefe. Denn was andere ihm schrieben, hat er – wohl aus Furcht vor eifrig schnüffelnden Biografen – gründlich beseitigt. Daß nur kein Fährtensucher auf allzu persönliche Spuren stoßen möge! Ob die beiden was miteinander hatten? Ach was! Alles nur Gerüchte.

Fest steht: Die Nicht-Affäre zog sich. Von 1867 bis 1872 verbrachte Busch den größten Teil seiner Zeit in Frankfurt, zunächst im Haus der Keßlers als Hausfreund, Gesellschafter, Gesprächspartner. Später nahm er sich ein Atelier und eine eigene Wohnung in der Nähe, noch später kam er von Wiedensahl zu Besuch, gern, oft und lange, um Großstadtluft zu schnuppern, ins Theater zu gehen, Soireen zu besuchen und sich selbst von der Hausherrin ein bißchen umwedeln zu lassen. Bis 1877 ging das so. Jacques Offenbach dirigierte im Thalia-Theater seine Operette „Die schöne Helena", Busch genoß die elegante Lebensart, die angeregten Gespräche mit den Freunden des Hauses, Malern, Schriftstellern, Musikern, Intellektuellen – und beobachtete. Entdeckte in all der Noblesse und Bildung Widersprüche, feine Bruchlinien, Eitelkeiten, Heuchelei und doppelte Moral. Darauf war er geeicht. Daran hatte er seine Freude. Frankfurt war ein Welt-

Auf dem Sprung von der launigen Bildergeschichte zur ernsthaften Kunst? Busch in seiner Frankfurter Zeit, aufgenommen wohl Anfang der siebziger Jahre

theater der blasierten Eitelkeiten, ein Sündenpfuhl. Eine Fundgrube.
„Die fromme Helene“, „Der Hl. Antonius von Padua“, die „Knopp-Trilogie“: Seine großen satirischen Werke, vielleicht seine besten und bissigsten Geschichten überhaupt, entstanden in oder infolge dieser Zeit. Was er in Frankfurt gesehen, gehört und erlebt hatte, Busch griff es auf und verkleidete es listig in hübsche Schnurren, volkstümlich, charmant – und voller Abgründe: die Göre aus der Stadt, die dem Landvolk so keck auf der Nase herumtanzt und dann als wimmerndes Häuflein Asche endet. Der unschlagbar fromme Mönch, der schließlich mit einem Schwein gen Himmel fährt: „Es kommt so manches Schaf herein“, verkündet ihm die heilige Jungfrau, „warum nicht auch ein braves Schwein?“ Au weia! Das hat böses Blut gegeben! Oder der dickliche Junggeselle, der alles dransetzt, eine richtige Familie zu gründen. Schließlich heiratet dieser Tobias Knopp sein Dienstmädchen, Julchen kommt auf die Welt, tritt ins Leben, wird frech. Der Alte tritt ab – und der Betrachter der Geschichte, die in drei Teilen wie ein Fortsetzungsroman, eine Soap Opera erschien, steht da und schüttelt den Kopf: Das ist also das Leben. Soll das alles sein? Hinter dem Schmunzeln verbirgt sich eisgrauer Schrecken. Vorsicht!
Als Satiriker war Busch ein Genie. Ein Beobachter, ein Psychologe, einer, der seine Pappenheimer aber ganz genau kannte. Freundlich lächelnd hielt er ihnen den Spiegel vor; was sie erblickten, war nett, bieder, lustig, richtig erbaulich und zunächst auch beruhigend: Es waren ja immer die anderen, die da was auf die Mütze kriegten, die vorgeführt, lächerlich gemacht, verspottet und schließlich – buchstäblich – durch den Wolf gedreht wurden. Schadenfreude funktioniert todsicher, und Strichmännchen, das hat Busch selbst gesagt, können eine Menge vertragen.

Meist dauert es ein Weilchen, bis der Leser merkt, daß er sich bei alledem selbst zuschaut: Der Spießer, der Heuchler und Narr, das arme Würstchen – das bin ja ich! Daß „Der Hl. Antonius von Padua“ in Bayern prompt vom Gericht als blasphemisch verboten wurde – mein Gott, was scherte das den Spötter? Der lebte in Wiedensahl, und das gehörte inzwischen zu Preußen.
Im August 1878 starb Buschs Schwager Pastor Hermann Nöldeke, der Mann seiner Schwester Fanny. Busch lebte längst schon mit im Pfarrhaus; nach dem Tod der Eltern war das Klima unter dem Dach seines Bruders Adolph, der das Geschäft und das Elternhaus übernommen hatte, für ihn unerträglich geworden. Manchmal, wenn er seine Korrespondenz zur Post brachte, soll er hinten an den Gärten entlanggegangen sein, um nur nicht auf der Dorfstraße seiner Schwägerin zu begegnen.
Da hatte er also seine Familie. Für Fannys drei Söhne war gesorgt, wenn auch der Ersatzvater Busch gegen den Lärm spielender Kinder empfindlich reagierte. Das Pfarrwitwenhaus in Wiedensahl wurde ausgebaut und hergerichtet, Geld war ja da, die Kinder Hermann, Adolf und Otto wuchsen heran und gediehen gut, Busch und seine Schwester wurden langsam alt.
Die Welt draußen fand immer noch statt. Busch reiste viel, in München verkehrte er nun im Künstlerverein „Allotria“. Ein bißchen gesetzter ging's zu als damals bei den Jung-Münchnern; der berühmte Porträtmaler Franz von Lenbach gehörte nun zu seinen Freunden, der Theaterschriftsteller und Publizist Paul Lindau, der Dirigent Hermann Levi, der Bildhauer und Architekt Lorenz Gedon. Aber auch gestandene Künstler sind vor kindischen Dummheiten nicht gefeit. Busch rauchte bis zur Nikotinvergiftung, trank sich so manchen Rausch an; bei einer Feierlichkeit im Kunstgewerbehaus benahm er sich vollends daneben, zog einer Dame den Stuhl weg, pöbelte herum und klatschte voll Zorn und Ekel einen Käse an die Wand. Auch die Freunde konnten den Rasenden nicht halten. Am nächsten Morgen verließ er die Stadt. Er kehrte nie mehr zurück.

An Ruhm und Erfolg war er nicht mehr interessiert: Zurückgezogen von der Welt verbrachte Busch seine letzten Lebensjahre im Pfarrhaus von Mechtshausen bei Seesen am Harz.

April 1881, Busch war 49 und begann sich zurückzuziehen. Er hatte noch viel Zeit, aber er begann aufzuräumen. In den Bildergeschichten „Balduin Bählamm, der verhinderte Dichter" und „Maler Klecksel" nahm er noch einmal die beiden Disziplinen seiner Kunst aufs Korn, bissig, gnadenlos, auch gegen sich selbst – dann war Schluß mit den Spottgeschichten. Die verkorkste Busch-Biografie des Düsseldorfer Malers und Schriftstellers Eduard Daelen war noch geradezubiegen, danach beschränkte sich der einst so bissige Satiriker auf die Naturbetrachtung und das Schreiben. Und wer erleben will, wie sich Empörung, Angriffslust und Bitterkeit in freundliche Milde wandeln, wie eifernde, geifernde Satire in einen heiteren, lebensklugen Humor mündet, wie einer seinen Frieden macht mit den Menschen und dem Lauf der Dinge – der lese den späten Wilhelm Busch. Seine Gedichte vor allem, in denen so manche abgeklärte Weisheit ganz ländlich-bescheiden und scheinbar naiv daherkommt. Ein gereimtes Rezept für Pfannekuchen mit Salat, das Gedicht vom Vogel auf dem Leim, der im Angesicht des sicheren Todes noch ein fröhliches Liedchen pfeift: So weit muß man erst mal kommen. Da war einer geschlagen mit einem kaum erträglichen Scharfblick für die Eitelkeit und Verlogenheit seiner Mitmenschen, für ihr kleines Karo, ihre Grausamkeit und Kälte, hatte so manches davon am eigenen Leibe erlebt und so vieles bei anderen beobachtet, in Wiedensahl wie in Frankfurt – und sitzt am Ende auf dem Bänkchen vor dem Haus und schmunzelt über das ganze Gewurl und Gewese.

Es ist ein milder, wissender, wie von Abendsonne beschienener Humor, den sich da einer erkämpft, ertrotzt und in Jahren der Einsamkeit und der ruhelosen Suche erlitten hat. Durch Völlerei zur Askese, durch Angriffslust zur Friedfertigkeit und nun: gelassen dem Tode entgegen. „Oh weh! Ich war im Kreis gelaufen", resümiert er in seinem

Spätes Familienglück: Busch 1904 bei seinem Neffen, Pastor Otto Nöldeke, und dessen Familie in Mechtshausen. Es waren glückliche und auch produktive Jahre: Busch zeichnete viel, schrieb Gedichte, führte ausgiebig Korrespondenz, reiste auch – und genoß das Zusammenleben von alt und jung. Was er längst aufgegeben hatte, nun erfüllte es sich: Für die Kinder seiner Schwester Fanny und für deren Kinder war er der Familienvater.

75. Jahr, „stand wiederum am alten Platze, und vor mir dehnt sich lang und breit, wie ehedem, die Ewigkeit." Busch war angekommen; der kleine Seufzer in seinem Gedicht, das „Oh weh!", hat wohl eher einen amüsierten Klang – ach Gott! So einfach ist das alles! –, zur Verzweiflung sah er keinen Grund. Er hatte seinen Platz, sein Auskommen, seine Familie. Hermann und Otto, seine Neffen, Fannys Söhne, waren brave Pastoren geworden, der eine in Hattorf, der andere in Mechtshausen, beide Orte am Harz gelegen, nicht weit von Ebergötzen, wo Busch so glückliche Jugendjahre verlebt hatte. Im Kreis gelaufen, mag sein. Aber heimgekehrt.

Im Oktober 1898 verließen Busch und seine Schwester Wiedensahl und zogen nach Mechtshausen zu Otto Nöldeke und seiner Familie. Die beiden Alten sollten nicht allein zurückbleiben. Busch schrieb Gedichte, zeichnete, führte ausgiebig Korrespondenz, es waren noch fruchtbare Jahre. Zwei kleine Zimmer sind heute im Pfarrhaus zu besichtigen, eines davon das Sterbezimmer. Zu sehen ist eigentlich nicht viel, die Kargheit der Einrichtung überrascht. Tisch, Stuhl, Bett. So wenig nach einem so unruhigen, erfolgreichen, durchkämpften Leben! Zu spüren ist um so mehr: Hier hat einer seine Ruhe gefunden, rechtzeitig und bei klarem, geläutertem Verstand. „Ich stehe auf der Grenze von Hier und Dort", schrieb Busch am 23. Dezember 1907, zwei Wochen vor seinem Tod, „und fast kommt es mir vor, als ob beides dasselbe wäre ..."
Es ist Abend geworden. Wiedensahl liegt im letzten Licht, die Schuhe sind staubig vom Weg durch die Feldmark. Vom Schützenplatz scheppert Karussellmusik herüber. Zwei Männer in waidgrünen Jacken und mit roten Gesichtern streben über die Dorfstraße ihren Häusern zu. Sie haben ihren Teil vom Fest gehabt, das ist ihnen anzusehen. Wackere Familienväter, ganz bestimmt, wahrscheinlich schon Großväter, aber mal muß man auch die Sau rauslassen. Spaß haben. Schützenfest. Morgen herrscht wieder Ruhe im Dorf.
Es ist alles wie damals. Alles wie immer.

Das vermutlich letzte Bild zeigt Busch, den Wanderer, zu Beginn des Jahres 1907 vor dem Pfarrhaus in Mechtshausen. Er starb am 9. Januar 1908.

Frankfurt.
Die feine Gesellschaft. Oder: Fröhlich singt der Vogel sein letztes Lied.

„Schau, schau“, schrieb Busch in seiner Autobiographie, „das Dörflein meiner Kindheit. Vieles im scharfen Sonnenlicht früher Eindrükke; manches überschattet von mehr als vierzig vergangenen Jahren; einiges nur sichtbar durch den Lattenzaun des Selbsterlebten und des Hörensagens. Alles so heiter, als hätt es damals nie geregnet.“

„So gut wie alle meine Sachen sind in der Stille von Wiedensahl entstanden“, schrieb Busch gegen Ende seines Lebens. Das stimmt nicht ganz: In Lüthorst hatte er sich als Märchensammler und Theaterdichter versucht, auch in Wolfenbüttel bei seinem Bruder oder in Hattorf hatte er gezeichnet, gemalt und geschrieben, und in Mechtshausen verlebte er einen schaffensfrohen Lebensabend. Viele seiner Zeichnungen, Gemälde und großen Bildergeschichten, mit denen er in aller Welt bekannt werden sollte, die so warmherzig wie illusionslos beobachteten Possen und Katastrophen – sie entstanden in Wiedensahl.

Briefe und Bücher, Zeichnungen, Skizzen und Gemälde, Möbel seiner Tage und sogar sein Mal- und Schreibwerkzeug: Im unlängst zum Museum ausgebauten Geburtshaus Wilhelm Buschs in Wiedensahl ist seine ganze Lebensgeschichte dokumentiert – bis hin zu Übersetzungen seiner berühmten Bildergeschichten aus aller Welt.

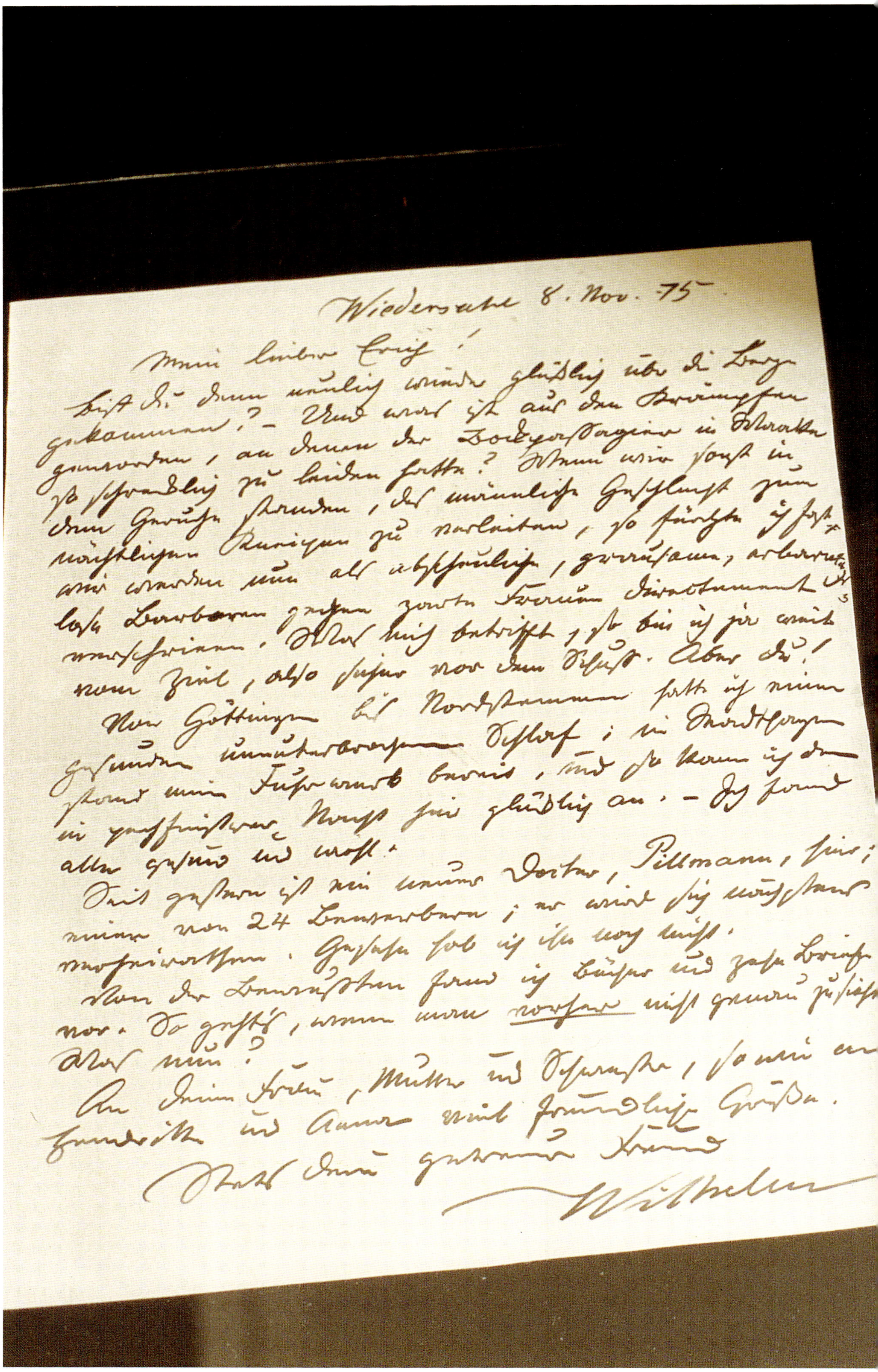

Wiedensahl 8. Nov. 75.

Mein lieber Erich!

Wilhelm

144
Gilia
Gilie
Gladiolus
Siegwurz, Engelsflügel
Gnaphalium
Gomphrena
Grammanthes

Wer das Land in sich aufnimmt, versteht die Bilder. Den Wind im Gras, Bauern bei der Heuernte, windschiefe Katen, Nebel über den Feldern – das alles erlebte Busch auf seinen Wanderungen durch die Natur. Früh am Morgen brach er auf, oft war es dunkel, wenn er heimkam. Und manchmal hatte er den ganzen Tag mit keinem einzigen Menschen gesprochen.

Frankfurt.
Die feine Gesellschaft. Oder: Fröhlich singt der Vogel sein letztes Lied.

„Von den deutschen Berühmtheiten gibt es wohl keine einzige“, schrieb Buschs Freund, der Theaterschriftsteller und Publizist Paul Lindau, „die mit ihrer Person so wenig an die Oberfläche getreten wäre wie der Verfasser von ‚Max und Moritz‘.“ In seinem Heimatdorf Wiedensahl erinnert heute – neben den Ausstellungen im Geburts- und Pfarrhaus – ein schlichter Gedenkstein nahe der Kirche an den genialen Zeichner und Dichter.

Das Puckelriekchen und der alte Danne, die Käuze des Dorfes, die Hüttner und die Viehhirten: Busch empfand eine tiefe Sympathie für die Armen, Alten und Ausgestoßenen. Oft führten ihn seine Wanderungen durch die Umgebung vor ihre Hütten, etwa das Schweinehirtenhaus im Wald bei Wiedensahl, und gern lauschte der Wanderer ihren Geschichten.

Frankfurt.
Die feine Gesellschaft. Oder: Fröhlich singt der Vogel sein letztes Lied.

„Rück ich dann wieder in mein gutes, einsames Wiedensahl“, schrieb Busch einer Freundin im Jahre 1880, „so fühl ich: nur hier ist meine angestammte und angewöhnte Heimstätte – um die mich freilich Wenige beneiden werden. – Was schadt's? Reden nicht meine todten Freunde von den besten Dingen mit mir, wann ich will? Darf ich nicht im Federkleide der Gedanken durch den Schornstein fliegen zu den lebendigen? – oder hie und da auch in gewöhnlichen Civilkleidern per Post und Eisenbahn?“

Düsseldorf, Antwerpen und München, das waren die großen Malerschulen seiner Zeit. Wilhelm Busch hat sie alle drei besucht – wie einer, den Ehrgeiz und Begeisterung immer weiter treiben, immer vorwärts, immer dahin, wo die Luft vibriert.
Ganz so war es nicht.
In Düsseldorf lenkte der erhabene Wilhelm von Schadow die Geschicke der Akademie in der sittlich-patriotisch-romantischen Tradition der Deutschrömer. Arnold Böcklin und Anselm Feuerbach hatten wenige Semester zuvor dort die Klasse des Landschaftsmalers Wilhelm Schirmer besucht; als Busch kam, im März 1851, waren sie längst auf dem Weg zu Ruhm und Heldentum. Rom, Venedig, Paris: man wird in der rheinischen Kunstschule den Weg der jungen Künstler auf den Olymp der Malerei gespannt verfolgt haben. Der Student aus dem Hannöverschen verfügte sich brav in den Antikensaal und lernte Anatomie und Lichtführung, Proportion und Perspektive. Solide Grundlagen des Handwerks.
Antwerpen pflegte voller Stolz die Tradition der großen Flamen. Hier muß es Busch sozusagen erwischt haben: In der grandiosen Galerie stand der junge Mann aus Wiedensahl vor ihren Werken, atemlos. „Rubens, Brouwer, Teniers, später Frans Hals", vor denen verneigte er sich noch in seinen Erinnerungen; aber auch in der Malerei seiner Lehrer und Kommilitonen erlebte und bewunderte er ihren Einfluß. Busch war begeistert. Der 27. Mai, so schrieb er im Juni 1852 in sein Tagebuch, der Tag seiner Immatrikulation an der Académie Royale des Beaux-Arts – der möge von nun an als sein zweiter, sein eigentlicher Geburtstag gelten.
Wahrscheinlich war er nie wieder so beseelt von dem Gedanken an die große Kunst; wahrscheinlich auch hat er sich ihr nie wieder so nahe gefühlt. Seine Porträts und Charakterstudien aus dieser Zeit, dunkel und eindringlich, zeugen von Ehrgeiz, Bewunderung – und auch von der Zuversicht: Ich bin auf gutem Weg. Mehr als einmal setzte er sich selbst und andere Modelle in das warme, weiche Licht eines Rembrandt; den freien, lockeren und ausdrucksvollen Pinselstrich seiner Vorbilder hat er beibehalten, solange er malte, mal eher verhalten, mal geradezu expressiv. Und was das Land betraf und die Leute, auf die sich die großen Meister in ihren Werken berufen hatten, die windige Ebene, den schweren Boden, den hohen Himmel, die bodenständigen, handfesten, doch zugleich feinfühligen und humorvollen Charaktere: Das alles war seiner Schaumburger Heimat so unähnlich nicht …
Und München? Wilhelm von Kaulbach und Carl Theodor von Piloty waren die richtungweisenden Lehrer der Akademie. Klassische Schönheit und Größe waren die Themen, Geschichte und Philosophie, Bild geworden in allegorischen Szenen, antike Mythologie, grandios komponierte Historiendarstellung. Die Studenten begeisterten sich zudem für die Idee der Pleinair-Malerei, die aus Frankreich herübergekommen war und bald auch Busch und seine Freunde ins Freie lockte, an den Starnberger See oder nach Brannenburg am Inn. Raus aus dem Atelier, in die freie Natur, hin zu Licht, Wärme, Wind – es war wie die Entdeckung des Sinnlichen für die Kunst.
Düsseldorf, Antwerpen und München? Das ist immerhin die halbe Wahrheit, was diese Jahre des Lernens und der Bildung betrifft. Klemme, Klemme und Klemme: Das ist, ein bißchen polemisch überspitzt, die andere Hälfte. Denn immer wieder war es August Klemme, der Freund aus den Tagen am Polytechnikum in Hannover, der Busch die entscheidenden Anstöße gab. Komm, laß uns Maler werden; komm, wir gehen nach Antwerpen; komm, in München läßt sich's prima arbeiten. Freund August ging voraus, und Wilhelm folgte. Er war froh, jemanden zu haben, aber es gab Momente in seinem Leben, viel später, da betrachtete er diesen Mangel an Eigensinn und Initiative voller Bitterkeit.
Busch und die Malerei – das ist ein ewiger Kreislauf von Aufbruch und Entmutigung. „Ich befinde mich hier in Antwerpen sehr wohl", schrieb er voller Tatendrang und Stolz im September 1852 an die Eltern, „u. kann mich nicht genug freuen, daß ich hier mit meinen Malstudien den Anfang gemacht habe. Jedenfalls lerne ich hier in einem halben Jahr eben so viel als ich in Düßeldorf in einem ganzen gelernt haben würde."
Und dann, keine drei Monate später, kündigt er seine Rückkehr nach Wiedensahl an. Ein bißchen großspurig zunächst, er habe seine Vorstudien beendet und sei nun so weit, sich größeren Aufgaben widmen zu können; das war ein Gebot kluger Taktik gegenüber den Eltern, die sicherlich kein Verständnis für den neuerlichen Abbruch der Ausbildung gehabt haben. Es war ja nicht das erste Mal. Aber ob er wirklich an sein stolzes Vorhaben geglaubt hat, sich nun als fertiger, technisch und geistig gefestigter Maler an die Arbeit zu machen? Da sind Zweifel gestattet.
Viel später, in seinen 1886 verfaßten Erinnerungen „Was mich betrifft", räumte er ein, wie sehr die Allgegenwart der Alten Meister in Antwerpen ihn, den Unerfahrenen, Unsicheren und Unentschlossenen, geduckt habe: „zu sehr, als daß ich's je gewagt hätte, mein Brot mit Malen zu verdienen". So stand es zumindest in der ersten Version des Rückblicks. Später dann, in der redigierten Zusammenfassung „Von mir über mich" (1893/94), verbeugt sich Busch wiederum vor der Erhabenheit der niederländischen Vorbilder, aber die Entmutigung behält er für sich. Das ist spannend zu lesen: Da zieht einer die Bilanz eines Lebens, das ihn selbst immer wieder überraschte und verblüffte, ihn oft fast verzagen ließ und manchmal so unvermittelt nach oben spülte, daß er kaum wußte, wie ihm geschah. Doch schon kommen ihm Zweifel; der Vorhang, ratsch!, wird zugezogen, und das resignierte Achselzucken verschwindet hinter braver Konvention. Ehrlichkeit mit sich selbst und Offenheit auch in der Niederlage sind moralische Heldentaten, die auch abgeklärten Geistern nur für Momente gelingen.
Und trotzdem ist er Maler geworden. Trotzdem hat er die Größe und die heroische Unerreichbarkeit seiner Lehrer und Vorbilder akzeptiert und versucht, zumindest ihre Richtung einzuschlagen, beharrlich, ohne aufzugeben und bald auch, ohne greifbaren Lohn

Ein Bild belegt die ganze Tragik einer Künstlerexistenz: In seinem „Selbstbildnis in holländischer Tracht“ (42 x 31 cm, o. J.) beruft sich Busch überdeutlich auf die großen flämischen Vorbilder „Rubens, Brouwer, Teniers, später Frans Hals“, die ihn einst als Studenten bis zur Lähmung beeindruckt hatten. Die Malerei sah er fortan nur noch als private Zuflucht – berühmt und wohlhabend aber wurde er als Erfinder und Vorreiter eines Genres, dessen künstlerischen Wert er nie recht akzeptieren mochte: der schnellen, pointierten Karikatur, der launigen Bildergeschichte, des Comic Strip.

Eine Studie in Licht und Struktur, doch dokumentiert die Ölskizze zugleich das Leben vergangener Tage auf dem Dorf: Aus Backstein gemauert, lehnt sich der Backofen an die Giebelwand eines Bauernhauses (29 x 26 cm, o. J.) – wer sein Brot selber backt, der spart den Bäcker.

Tintenfaß, Lehnstuhl und Tabakspfeife: Das Gemälde „Mein Stubenplatz in Wiedensahl“ (20 x 25 cm) zeugt von großem Bedürfnis nach einem warmen und sicheren Platz in der Welt. Das Bild entstand 1853. Der Maler, soeben enttäuscht aus Antwerpen heimgekehrt und von schwerer Krankheit genesen, war gerade 21 Jahre alt.

Der Wind läßt sich nicht festhalten, aber auf Buschs kleinformatigem Gemälde „Grüne Sommerlandschaft – Weiden am Teich" (14 x 30 cm, o. J.) ist er zu ahnen, beinahe auf der Haut zu spüren. War Busch ein Impressionist? Ein Spätromantiker? Oder gar einer, der den Expressionismus vorwegnahm? Der Maler hielt sich fern von künstlerischen Moden und Strömungen; er blieb ein Einzelgänger. Sehen und Erkennen hatten in seinen Bildern Vorrang vor Arrangieren und Komponieren, und vor dem getreuen Abbild rangierte für Busch die Idee von Wachstum und Wind, von den Urkräften der Natur, ihrem Zauber, ihrem Geheimnis. Begegnet war er alledem, immer wieder – in der Feldmark bei Wiedensahl.

dafür zu erwarten – zumal der Erfolg sich längst von anderer, unvorhergesehener Seite eingestellt hatte. Als er im Kreis der Münchner Malerfreunde gefeiert wurde, der treffsichere Spötter und Karikaturist, als seine frechen Bildergeschichten in den „Fliegenden Blättern" erschienen, als „Max und Moritz", „Die fromme Helene" und „die Knopp-Trilogie" ihn berühmt und wohlhabend hatten werden lassen: Die Kunst, die Malerei – darin sah er eine Lebensaufgabe. Aber es war eine Liebe voller Zweifel.

Seine Bilder belegen das deutlich. Fast alle sind auffällig klein; die Zurückhaltung beim Format ist geradezu ein Markenzeichen für Wilhelm Busch. Handtellerformat, Postkartenformat, das Format eines Skizzenblocks. Ein Freund aus Münchner Zeiten beschreibt, wie Busch immer etwas in der Schublade verschwinden ließ, sobald jemand sein Zimmer betrat. Es könne ein angefangenes Gedicht gewesen sein, lästert der Freund, eine Zeichnung oder auch nur eine Regensburger Wurst. Fest steht: Nie hat Busch seine Bilder in einer Ausstellung präsentiert und die Kritik der Kollegen oder der Öffentlichkeit herausgefordert. Und nur sehr selten hat er sich an landläufige, handelsübliche, verkaufbare Formate gewagt; sein Werkkatalog erfaßt Hunderte von Ölstudien und Gemälden – das einsam größte, ein Jagdstilleben mit totem Hasen, ist 104,5 Zentimeter hoch. Zwei, drei Handbreit höher als ein Tisch, immerhin, aber für einen, der Rubens bewundert und Piloty erlebt hat, ist das sehr verhalten.

Zweitens: Busch skizzierte, deutete an, arbeitete ein Detail heraus, einen Gesichtsausdruck, die Ecke eines Hauses, eine Perspektive – und ließ oft weite Teile seiner Arbeiten im Ungefähren. Statt Raum nur die Andeutung von Raum, statt Zweigen und Blättern und Lichtreflexen nur die Idee von Wachstum und Wind. Das könnte Distanz signalisieren zu seinen Versuchen mit und in der Malerei. Bemüht sich da vielleicht einer um Sicherheitsabstand, weil für ein unfertiges Bild keiner zur Verantwortung gezogen werden kann? Denkbar wäre das. Viel eher aber zeigt es, worauf es dem Maler eigentlich ankam in seinen Porträtstudien, seinen oft so rührend einfühlsamen Kinderbildnissen, seinen weiten, wilden, stürmischen und aufgewühlten Landschaften und den Naturstudien, die vor Üppigkeit und Grün nur so strotzen: auf das Wesen der Dinge. Auf Sehen und Erkennen statt Arrangieren und Komponieren. Auf eine Wahrheit, die nicht an der Oberfläche zu entdekken und nicht an der Hochschule zu studieren ist. Man könnte auch sagen: auf den Respekt, den er seinen Sujets entgegenbrachte.

Er hielt Abstand. Maßte sich nicht an, die Menschen und Bäume, den Wind, das Dämmerlicht und den Himmel auf der Leinwand wirklich festzuhalten. Wer war denn auch der Künstler, den Wind festzuhalten? Busch wäre das sicherlich anmaßend vorgekommen, unziemlich, naseweis und pathetisch. Und großes Pathos – besonders, wenn hohl – war ihm stets ein Dorn im Auge. Da war er empfindlich. Da reagierte er wie ein Seismograph. Pathos lockte seinen

Busch hatte keine eigenen Kinder, der Umgang mit den lärmenden, quirligen Söhnen seiner Schwester fiel ihm nicht immer leicht – doch zeugen Bilder wie „Kinder auf Weidenstumpf" (25 x 20 cm, o. J.) von großer Einfühlsamkeit und Herzenswärme: er war ja selbst mal so ein Racker gewesen.

Wilhelm Busch malte nur für sich selbst. Das verschaffte ihm Freiheit, sich auf das Wesentliche zu konzentrieren – auf die Atmosphäre, die auch der heimischen Landschaft innewohnt. Das kleine Gemälde „Heimkehr vom Felde" (16 x 15 cm) entstand in den achtziger Jahren.

Spott hervor, irgendwann wurde es ein Futter, nach dem er begierig Ausschau hielt, um es in Karikatur und frechen Versen aufzuspießen. Wer weiß, wo er diese Neigung, diesen Appetit entwikkelt hat. Vielleicht an einer der Akademien, wo neben der wahren Kunst ganz bestimmt auch eine Menge eitle Gockelei das Klima prägte. Nicht zufällig hat Busch in seiner letzten Bildergeschichte, dem „Maler Klecksel", der Künstlerzunft ein spöttisches, auch selbstironisches Denkmal gesetzt. In der feinen Gesellschaft von Frankfurt hatte er ebenfalls seine Erfahrungen gemacht, in München schließlich – das war dann schon das Ende seiner Geduld – voller Zorn und Ekel über all das pathetische Getue in den Kreisen der gutbürgerlichen Kulturmenschen einen Käse an die Wand geklatscht. Diesem zornigen und klarsichtigen Spötter wäre es wohl sehr unangenehm gewesen, sich selbst bei tönendem Pathos erwischen zu lassen.

Nein, die Malerei war sein Gegenprogramm, seine private, intime Zuflucht. Eine Art Heimat, in der sich ja auch die Heimat in Wiedensahl, in Lüthorst und Hattorf immer wieder spiegelt. Und der kraftvolle, emotionsgeladene Strich seiner kleinen, intensiven Studien war ein Ausdruck von Ehrlichkeit. Das dickliche Selbstporträt von 1866 mit dem neckischem Tirolerhut? Naja, muß ihm wohl irgendwie durchgerutscht sein. Geschenkt!

Viel mehr von ihm steckte doch in den Menschenbildern, den Porträts von Kindern aus dem Dorf, von Alten und von einfachen Bauern. Trinkgelage, ein Lachen, ein Streit, ein Moment der Ruhe. Oder die stillen Interieurs, die warme Stube, der gemütliche Sessel, an dem schon die Tabakspfeife lehnt. Und schließlich die Naturstudien: grasende Kühe, knorrige Kopfweiden und Knicks, Waldrand und wogendes Feld, und über alledem ein blauer oder dunkelroter, mal schwer hängender, mal unendlich hoher, aber stets lebendiger, bewegter Himmel: Da war Wilhelm Busch zu Hause. Das war ihm wichtiger als die Auseinandersetzung mit den Doktrinen und Moden der Kunst. Daß er, wie spätere Kritiker bemängeln, bei manchen seiner Menschenbilder hinter seinen künstlerischen Möglichkeiten zurückblieb, könnte ein Beleg dafür sein, daß er in der Malerei keinen Selbstzweck sah, sondern ein Mittel, Gesehenes, Gefühltes und Erahntes zu formulieren. Denn nie blieb er hinter seinem Anspruch auf Wahrhaftigkeit zurück. Darin – und nicht in eitler Virtuosität – liegt die Kraft seiner Bilder. Es gibt wohl nicht viele Maler seiner Zeit, bei denen Wind und Regen so plastisch über die Leinwand fegen wie auf den schnellen, kleinen Bildern aus der Feldmark, gleich hinter Wiedensahl, bei Hattorf oder Lüthorst. Vor manchen dieser Bilder möchte man sich als Betrachter in seine Jacke kuscheln.

Ein Frühimpressionist? Ein Spätromantiker? Die Frage nach einer kunsthistorisch prägnanten Einordnung ist kaum zu beantworten; Busch blieb ein Einzelgänger, in der Kunst wie im Leben. Für wen er eigentlich gemalt hat? Nicht für die Kritik, das steht fest, nicht für die Kunstgeschichte, nicht für Käufer und Sammler, nicht einmal für Freunde, denen gegenüber er seine Arbeit, wenn sie sich schon nicht geheim halten ließ, dann doch gern mal klein machte. Für sich selbst wohl am ehesten, und da er, was die eigene Person anging, ein zurückhaltender, verschlossener Charakter war, bleibt es heute dem Publikum überlassen, ob es die immer wieder zwischen blauem Gewehe und grünem Gewucher auftauchende rote Jacke als artistisch gesetzten Farbkontrast begreifen möchte, als kalkulierte, vielleicht sogar humorvolle Unebenheit – oder aber als ein zur Formel verkürztes Selbstporträt: Das bin ich. Ein Einzelgänger in einem stürmischen Leben.

Plausibel ist beides. Das ist das Schöne an der Kunst.

Eingebettet oder ausgeliefert? Immer wieder setzte Busch in seinen Naturstudien, etwa „Grüner Waldrand mit roter Figur“ (21 x 25 cm, um 1892/94), winzig klein hingetupfte Menschlein den tobenden Kräften von Wind und Wetter aus. Ist der rote Farbfleck in all dem tosenden Braun, Grün und Blau nichts anderes als ein artistisch gesetzter Farbkontrast? Eine kunsthistorisch versierte Anspielung auf romantische Vorbilder? Oder spielt Busch auf seine eigene Existenz an, als Einzelgänger in einem stürmischen Leben? Die Deutung bleibt offen.

Wilhelm Busch inspirierte zum künstlerischen Experiment: Tatsächlich bildet die rote Jacke im Braun und Grün des Waldes bei Wiedensahl einen reizvollen Farbkontrast – eine tiefere Bedeutung des Kleidungsstücks für seine Biographie jedoch streitet der Fotograf Toma Babovic ab.

1832
15. April: Heinrich Christian Wilhelm Busch wird in Wiedensahl im Königreich Hannover geboren
Eltern:
Johann Friedrich Wilhelm Busch (1801–1868), Krämer
Henriette Dorothee Charlotte Busch, geb. Kleine (1803–1870)
Geschwister:
Fanny (1834–1922)
Gustav (1836–1888)
Adolf (1838–1909)
Otto (1841–1879)
Anna (1843–1858)
Hermann (1845–1917)

1841
Wilhelm, neun Jahre alt, kommt zu seinem Onkel, Pastor Georg Kleine (1806–1897), nach Ebergötzen bei Göttingen zur Erziehung und zum Privatunterricht. Beginn der lebenslangen Freundschaft mit Erich Bachmann, dem Sohn des Müllers

1846
Umzug mit dem Onkel und dessen Familie nach Lüthorst bei Einbeck

1847
Im Herbst geht Wilhelm ans Polytechnikum nach Hannover, um Maschinenbauer zu werden. Wohnt im Haus des Justitzrats Christian Hermann Ebhardt in der Schmiedestraße

1848
In den Unruhen der Revolution wird der Schüler Busch als Ordungskraft gegen Demonstranten eingesetzt.

1851
Wilhelm verläßt die Polytechnische Schule, geht im Juni mit seinen Mitschülern August Klemme und Carl Bornemann an die Kunstakademie nach Düsseldorf, um Maler zu werden.

1852
Enttäuschung in Düsseldorf; im Mai geht Busch an die Königliche Akademie der Schönen Künste in Antwerpen. Begegnung mit den Alten Meistern der niederländischen und flämischen Malerei.

Weltmann und Einsiedler: Busch um 1862 …

und um 1880 daheim in Wiedensahl

1853
Ende März: Typhus-Erkrankung, Rückkehr nach Wiedensahl. Besuche in Lüthorst beim Onkel Georg Kleine. Busch sammelt Volksmärchen, Sagen und Lieder.

1854
Im November Umzug nach München, erneute Aufnahme des Kunststudiums, nun an der Königlichen Akademie der Künste in der Malklasse des Akademiedirektors Wilhelm von Kaulbach. Aufnahme in den Künstlerverein „Jung-München".

1858
Studien zur Freilichtmalerei in der Künstlerkolonie Brannenburg am Inn und in Ammerland am Starnberger See. Busch distanziert sich von der Münchner Malerschule. Im Juni erfährt er vom Tod seiner Schwester Anna; im Herbst lernt er in München den Verleger Caspar Braun kennen, der ihn als Zeichner entdeckt.

1859
Busch ist ständiger Mitarbeiter an Brauns „Fliegenden Blättern", pendelt nun über Jahre hinweg zwischen München, Wiedensahl, Lüthorst und ab 1862 Wolfenbüttel, wo er später im Hause des Bruders Gustav ein Atelier hat.

1864
„Bilderpossen", Buschs erstes Buch, wird verlegt bei Heinrich Richter, Sohn des Malers Ludwig Richter, in Dresden.

1865
Busch verkauft seinem Verleger Caspar Braun die Exklusivrechte an „Max und Moritz", die Veröffentlichung im Verlag Braun & Schneider wird umgehend ein Erfolg.

1867
„Hans Huckebein", Verlag Eduard Hallberger, Stuttgart. Besuch in Frankfurt bei Bruder Otto, Begegnung und Beginn der langjährigen Freundschaft mit der Bankiersgattin Johanna Keßler in der Bockenheimer Landstraße.

1868
Busch zieht nach Frankfurt, nimmt mit seiner Gönnerin Johanna Keßler regen Anteil am kulturellen Leben – besucht z. B. die Operette „Die schöne Helena" von Jacques Offenbach im Thaliatheater. Tod des Vaters

1869
„Schnurrdiburr oder die Bienen", Verlag Braun & Schneider

1870
„Der Hl. Antonius von Padua“ erscheint im Verlag Moritz Schauenburg in Lahr, der Staatsanwalt ermittelt und verbietet das antiklerikale Werk. Tod der Mutter

1871
Verlagsvertrag mit Otto Bassermann, dem Freund aus Jung-Münchner Tagen, bei dem Busch von nun an seine Arbeiten veröffentlicht

1872
„Die fromme Helene“, „Bilder zur Jobsiade“ und „Pater Filuzius“ erscheinen. Umzug nach Wiedensahl. Busch wohnt nun bei seiner Schwester Fanny Nöldeke und deren Familie im Pfarrhaus. Weiterhin zahlreiche Reisen, u. a. nach Belgien, Holland, Wien, Florenz und Rom

1873
Busch wird in den Münchner Künstlerverein „Allotria“ eingeführt. Freundschaft mit Franz von Lenbach, Friedrich August von Kaulbach, Lorenz Gedon

1874
Der Gedichtband „Kritik des Herzens“ erfährt herbe Kritik in der Öffentlichkeit.

1875
„Abenteuer eines Junggesellen“ (erster Teil der „Knopp-Trilogie“)

1876
„Herr und Frau Knopp“ (zweiter Teil der „Knopp-Trilogie“)

1877
„Julchen“ (dritter Teil der „Knopp-Trilogie“)

1878
Tod des Schwagers Pastor Hermann Nöldeke.

1879
Busch bezieht mit seiner Schwester Fanny das Pfarrwitwenhaus in Wiedensahl. Der engagierte Verfechter der Lehren von Charles Darwin veröffentlicht die Bildergeschichte „Fipps der Affe“.

Auf dem Dorffriedhof von Mechtshausen wurde Wilhelm Busch im Januar 1908 beerdigt.

1881
April: Eklat im Kunstgewerbehaus, Busch verläßt München und kehrt nie wieder zurück.

1882
„Plisch und Plum“

1883
„Balduin Bählamm, der verhinderte Dichter“

1884
„Maler Klecksel“

1886
Im Mai erscheint die Biografie „Über Wilhelm Busch und seine Bedeutung“ von Eduard Daelen. Busch reagiert darauf mit dem autobiografischen Abriß „Was mich betrifft“ in der Frankfurter Zeitung.

1891
Das Prosawerk „Eduards Traum“ erscheint. Versöhnung mit Johanna Keßler

1895
Erzählung „Der Schmetterling“

1898
Busch und seine Schwester Fanny übersiedeln zu Pastor Otto Nöldeke, Fannys Sohn, nach Mechtshausen am Harz.

1899
In Mechtshausen und im Hause von Pastor Hermann Nöldeke – ebenfalls Fannys Sohn – in Hattorf am Harz entstehen rund 90 Gedichte für die Sammlungen „Zu guter Letzt“ und „Schein und Sein“.

1902
Busch flieht vor den Feierlichkeiten zum 70. Geburtstag zu seinem Neffen Hermann Nöldeke nach Hattorf. Mehr als 1500 Gratulanten, darunter auch Kaiser Wilhelm II.

1904
Gedichtsammlung „Zu guter Letzt“

1908
9. Januar: Wilhelm Busch stirbt in Mechtshausen und wird auf dem Dorffriedhof beerdigt.

1908/09
Otto Nöldeke veröffentlicht posthum Buschs nachgelassene Werke „Hernach“ und „Schein und Sein“.

Wilhelm-Busch-Geburtshaus Wiedensahl
Hauptstraße 68a
31719 Wiedensahl
Tel.: 05726-388
wilhelm-busch@wiedensahl.de
www.wilhelm-busch-geburtshaus.de
geöffnet täglich von 10–12 und von 14–17 Uhr (vom 1. 11.–31. 3. nur bis 16 Uhr), montags geschlossen
Betreuung durch Gudrun-Sophie Frommhage-Davar

Radwanderweg „Auf den Spuren von Wilhelm Busch“
Rundtour über 25,5 Kilometer, ausgehend von Wiedensahl
Informationen im Wilhelm-Busch-Geburtshaus Wiedensahl
Hauptstraße 68a
31719 Wiedensahl
Tel.: 05726-388

Heimatmuseum Wiedensahl im Alten Pfarrhaus
Hauptstraße 89
31719 Wiedensahl
Tel.: 05726-774
geöffnet vom 1.4.–30.9.
samstags, sonntags und an Feiertagen von 14–17 Uhr (im Oktober sonntags 14–17 Uhr) oder nach Vereinbarung
Betreuung durch Kurt Cholewa

Wilhelm-Busch-Mühle Ebergötzen
Mühlengasse 8
37136 Ebergötzen
Tel.: 05507-7181
wilhelm-busch-wassermuehle@t-online.de
www.wilhelm-busch-muehle.de
geöffnet Di–Sa 9–13 und 14–17 Uhr, sonntags ab 10 Uhr, montags geschlossen
Betreuung durch Susanne Simon

Heimatverein „Wilhelm Busch“ Lüthorst e.V.
Wilhelm-Busch-Weg 8
37586 Dassel-Lüthorst
Tel.: 05562-590
www.wilhelm-busch-luethorst.de
Wilhelm-Busch-Zimmer geöffnet sonntags von 14–16 Uhr und nach Vereinbarung
Führungen Tel.: 05562-6724
Betreuung durch Joachim Stünkel

Wilhelm-Busch-Stätte Hattorf
37197 Hattorf am Harz
Tel.: 05584-2116
geöffnet vom 1. 5.–30. 9. täglich von 10–16 Uhr und nach Vereinbarung
Betreuung durch Werner Hellwig

Wilhelm-Busch-Museum Hannover
Deutsches Museum für Karikatur und kritische Grafik
Georgengarten
30167 Hannover
Tel.: 0511-169999-11/-16
sekretariat@wilhelm-busch-museum.de
www.wilhelm-busch-museum.de
geöffnet Di–Fr von 11–17 Uhr, Samstag, Sonn- und Feiertage 11–18 Uhr, montags geschlossen

Wilhelm-Busch-Haus Mechtshausen
Pastor-Nöldeke-Weg 7
38723 Mechtshausen
Tel.: 05384-90886 und 05384-517/607
www.wilhelm-busch-haus.de
geöffnet vom 1.3.–31.10. täglich außer montags von 14–16 Uhr, sonst nach Vereinbarung
Betreuung durch Gabriele Probst

Wilhelm-Busch-Gesellschaft e.V.
(Geschäftsstelle im Wilhelm-Busch-Museum Hannover)
Als 1927 das Geburtshaus von Wilhelm Busch in Wiedensahl abgerissen werden sollte, führte ein Aufruf zur Erhaltung des Gebäudes zur Gründung der „Wilhelm-Busch-Gesellschaft e. V." im Jahr 1930. Ziel der Gesellschaft ist es seither, das Werk Buschs zu erhalten und zu pflegen, zu archivieren, wissenschaftlich zu bearbeiten und der Öffentlichkeit in Ausstellungen und Publikationen zugänglich zu machen. Die Sammlung des 1932 eingerichteten Museums am Georgenplatz wurde 1943 in Wilhelm Buschs Sterbehaus in Mechtshausen ausgelagert und überdauerte so die Bombenangriffe des Zweiten Weltkriegs. 1950 kam die Kollektion wieder nach Hannover; dank Schenkungen, Stiftungen und eigener Ankäufe wuchs sie beständig. Heute sind im kürzlich restaurierten und erweiterten ehemaligen Wallmoden-Palais im Georgengarten (in zauberhafter Lage mitten im Grünen!) neben internationaler Karikatur und kritischer Grafik auch zahlreiche Zeichnungen und Handschriften Buschs im Original zu sehen, dazu Druckvorlagen und Erstausgaben seiner berühmten Bildergeschichten, Briefe, Zeitzeugnisse und auch eine große Zahl seiner in der Öffentlichkeit noch wenig bekannten Gemälde. Die Wilhelm-Busch-Gesellschaft unterstützt und fördert die Arbeit der verschiedenen Gedenkstätten in Niedersachsen.
In Wechselausstellungen wird Karikatur und kritische Grafik aus allen Epochen und Ländern vorgestellt; auch das Werk Wilhelm Buschs ist immer wieder Thema spezieller Präsentationen aus eigenen Beständen, jeweils erweitert um auswärtige Leihgaben. Zum Museum gehören ein kleines Café und ein Museumsshop mit Büchern, Plakaten, Reproduktionen und Souvenirs.

Standardwerke

Friedrich Bohne: Wilhelm Busch. Leben, Werk, Schicksal. Zürich, Stuttgart: Fretz & Wasmuth Verlag, 1958

Ruth Brunngraber-Malottke: Wilhelm Busch. Handzeichnungen nach der Natur. Werkverzeichnis. Stuttgart: Verlag Gerd Hatje, 1992

Wilhelm Busch: Sämtliche Briefe. Kommentierte Ausgabe in zwei Bänden. Hrsg. von Friedrich Bohne unter Mitarbeit von Paul Meskemper und Ingrid Haberland. Hannover: Schlütersche Verlagsanstalt und Druckerei, 1968/69

Wilhelm Busch. Die Bildergeschichten. Historisch-kritische Gesamtausgabe in drei Bänden. Bearbeitet von Hans Ries unter Mitarbeit von Ingrid Haberland, im Auftrag der Wilhelm-Busch-Gesellschaft. Hrsg. von Herwig Guratzsch und Hans Joachim Neyer. Hannover: Schlütersche Verlag und Druckerei, 2002

Hans-Georg Gmelin: Wilhelm Busch als Maler. Mit einem vollständigen Werkverzeichnis nach Vorarbeiten von Reinhold Behrens.
Berlin: Gebr. Mann Verlag, 1980

Literatur zum Kennenlernen

Wilhelm Buschs Schriften – etwa das posthum erschienene Werk „Hernach", die Autobiografie „Von mir über mich" / „Was mich betrifft", seine Gedichtbände oder diverse Auswahlbände seiner umfangreichen Korrespondenz – und vor allem seine Bildergeschichten sind in zahllosen Ausgaben unterschiedlichster Machart, Zusammenstellung und Qualität erschienen. Von billigster Massenware bis zu aufwendig gedruckten, sorgsam edierten bibliophilen Kostbarkeiten ist alles zu finden; in manchem Antiquariat sind noch Schätze zu bergen.
Zur Einführung in sein Werk und zum Kennenlernen empfiehlt der Verfasser folgende Bücher und Hörbücher:

Wilhelm Busch: Gedichte und Prosa. Auswahl und Nachwort von Peter Marxer. Zürich: Diogenes (auch: Manesse Bibliothek der Weltliteratur, 1988)

Wilhelm Busch. Lebenszeugnisse aus der Sammlung des Wilhelm-Busch-Museums Hannover. Hrsg. von Herwig Guratzsch. Stuttgart: Verlag Gerd Hatje, 1987

Robert Gernhardt: Ein Dreifach-Tusch für Wilhelm Busch. Auf dem Cello begleitet von Frank Wolff. Frankfurt/M.: Eichborn Hörbuch (2 CDs), 2002

Das Goldene Wilhelm Busch Album. Hannover: Fackelträger Verlag, 1987

Herbert Günther: Der Versteckspieler. Die Lebensgeschichte des Wilhelm Busch. Weinheim: Beltz & Gelberg, 2002

Gerd Haffmans: Wilhelm Busch. Die Gedichte. Zürich: Haffmans bei 2001, 2000

Joseph Kraus: Wilhelm Busch. Reinbek bei Hamburg: Rowohlt (rororo Monographien), 1970

Kulturpfad Schaumburg. Ein Reiseführer durch das Schaumburger Land. Hrsg. von der Schaumburger Landschaft. Hannover: Landbuch Verlagsgesellschaft, 2000

Gert Ueding (Hrsg.): Wilhelm Busch. Ausgewählte Werke. Stuttgart: Reclam, 1996

Mit freundlicher Unterstützung der Kulturstiftung Schaumburg

Autoren und Verlag danken Ruth Brunngraber-Malottke und dem Wilhelm-Busch-Museum Hannover.

Martin Tschechne,
geboren 1954, aufgewachsen in Hannover, ist bekennender Niedersachse. Studium dennoch in Süddeutschland und den Südstaaten der USA (Emory University, Atlanta). Promovierte an der Universität Hamburg als Psychologe mit einer Arbeit über Hochbegabung und Begabtenförderung. Besuchte die Hamburger Journalistenschule Gruner + Jahr / Die Zeit (heute Henri-Nannen-Schule) und lebt seit 1982 als Journalist in Hamburg.

Toma Babovic,
geb. 1953 in Verden/Aller, studierte Architektur und Graphik-Design an der Akademie für Künste in Bremen. Seit 1989 freischaffender Fotodesigner in der Hansestadt. Er arbeitet u. a. für den Stern, GEO und Merian.
Im Ellert & Richter Verlag sind von ihm die Bildreisen „Berlin", „Bremen", „Franken" und „Potsdam" erschienen sowie die Titel „Berlin – Stadt zwischen Vergangenheit und Zukunft" und „Ins Land der Franken fahren ...".

Titelfoto:
Das Geburtshaus von Wilhelm Busch in Wiedensahl

Bibliographische Information der Deutschen Bibliothek
Die Deutsche Bibliothek verzeichnet diese Publikation in der Deutschen Nationalbibliographie; detaillierte bibliographische Daten sind im Internet über http://dnb.dbb.de abrufbar.

ISBN 978-3-8319-0187-6

2., aktualisierte Auflage 2007

Bildnachweis
Toma Babovic, Bremen: Titelfoto, S. 6, 7, 10, 11, 12/13, 14/15, 16/17, 18/19, 20/21, 22/23, 26, 28/29, 30/31, 32/33, 34/35, 36/37, 38/39, 42, 43, 44/45, 46/47, 48, 49, 54/55, 56/57, 68/69, 70/71, 72/73, 74/75, 76/77, 78/79, 80/81, 90/91
Historisches Museum Hannover: S. 51
Schaumburger Landschaft e. V., Bückeburg: S. 94 li. o., 94 Mitte o., 94 li. u., 94 Mitte u., 94 re. u.
Wilhelm-Busch-Museum, Hannover: S. 8, 9 li., 9 re., 24 li., 24 re., 25, 27, 41, 42, 43 li., 43 re. o., 43 re. u., 50, 52, 53, 59 li., 59 re., 60, 61, 63 li., 63 re. o., 63 re. u., 64 li., 64 Mitte, 64 re., 65, 66, 67, 83, 84, 85, 86, 87, 88, 89, 92 li., 92 re., 93, 94 re. o.

Text und Bildlegenden:
Martin Tschechne, Hamburg
Gestaltung:
Brückner + Partner, Bremen
Redaktionelle Bearbeitung:
Sabine Werther, Hamburg
Lithographie:
Griebel Repro, Hamburg
Druck:
klr mediapartner
Druck und Medien GmbH, Lengerich
Bindung:
S. R. Büge GmbH, Celle